콜렉터

콜렉터

한 웃기는 만화가의 즐거운 잉여수집생활

이우일 에세이

"이 세상에서 가장 행복한 사람은 콜렉터다."

요한 볼프강 괴테

차 례

프롤로그 010
뭔가를 모으는 사람들, 콜렉터 016
나는 왜 모으는가? 022
열려라 참깨, 보물창고를 사수하라 029
마징가 딱지대왕 034
프라모델 보험 038
만화가의 방 047
조용한 문제아 051
모든 새로운 것은 낡은 것이 된다 056
추억의 끈 062
수집은 꼬리를 물고 065
내 것이 아니었던 낡은 책을 쓰다듬으며 069
못생겨서 행복합니다 073

081 레고와 나

089 만화, 영화 그리고 비디오테이프

092 액션피겨 모으기

160 종이쪼가리

166 냄비 모으는 여인

174 책상 위의 벼룩시장

178 '작품'을 모으다

183 어떤 그림을 모을 것인가

185 사진집

190 책 책 책

197 두 개

200 만화가의 취미생활

203 사인 모으기

208 똑딱이 카메라

폴라로이드 215
어떻게 모을 것인가 221
모으는 것일까 못 버리는 것일까 224
실용적인 거(?) 모으기 228
가방에 대한 알 수 없는 욕망 232
펜, 포스트잇, 스케치북 234
티 237
핀버튼 240
나와 명품 242
수집, 남녀의 차이 245
기념품 248
에필로그 252

★ 컬렉션 화보 097-159
★ 나는 자꾸만 모으는 남자와 결혼했다_선현경 257

프롤로그

다른 사람의 집에 초대를 받아 가게 되면 늘 가슴이 두근거린다. 약속 시간보다 조금 일찍 도착해 심호흡을 한번 하고 초인종을 누른다. 문이 열리고 집 안으로 들어선다. 인사를 나누며 실내를 둘러본다. 나는 깜짝 놀란다. 이 집의 주인은 그동안 내가 알던 사람과는 전혀 다른 사람이었던 것이다!

나는 종종 누군가가 모은 물건들을 보며 그가 어떤 사람인지 깨닫고는 한다. 어떤 땐 모아놓은 물건들이 그 사람의 생김새나 말투 같은 것보다 그의 내면을 더 잘 보여준다. 그 자신도 미처 기억하지 못하는 본인에 관한 많은 흥미진진한 이야기를 들려주고, 그가 말하지 않은 진심을 소리 없이 폭로하기도 한다. 그것들은 더 나아가 그의 과거와 현재, 그리고 미래까지도 보여준다. 셜록 홈즈도 아니면서 쓰레기통에서 주워온 것 같은 낡은 깡통, 지저분한 돌덩어리, 색이 바란 인쇄물, 플라스틱 장난감 같은 것들로 다른 사람의 정체를 알아낼 수 있다니 놀라운가? 하지만 조금 생각해보면 당연한 일이다.

우리는 모두 자신이 살고 있는 집 안으로 아무 것이나 들이지 않는다. 조금이라도 자신에게 필요하고 가치 있다고 생각하는 것들을 들여놓기 마련이다. 집 안에 모아놓은 물건들을 보면 그 사람의 꿈을 읽을 수 있다. 어떤 사람의 집 안에 자리를 차지하고 있는 사물들은 그 사람의 명백한 일부분이다. 개중엔 당장 필요 없지만 혹시 언젠가는 요긴하게 쓸 수 있을 거라는 기대를 가지고 모아둔 것들도 있다. 어쩌면 그게 바로 수집의 시작이 아닐까?라고 나는 생각한다.

그렇다면 우리는 모두 수집가? 그럴 수도 있고 아닐 수도 있다. 실은 수집가냐 아니냐는 별로 중요한 건 아니다. 사람이라면 누구나 살면서 뭔가를 수집한다. 아니라고? 당신은 아무것도 모으지 않는다고? 그렇다면 당신의 좋은 추억들은 어떨까? 물건이 아닌 것들도 수집에 포함되느냐고? 당연하다. 내 범주 안에서 물건들이란 추억의 일부고 생각의 조각이다. 어쩌면 우리들은 죽는 그날까지 아름다운 기억을 수집하며 사는 것인지도 모른다. 그리고 그 좋은 기억들을 잊지 않기 위해 이런저런 물건들을 모으는 것일지도 모른다.

고백하자면 누군가에게 초대를 받았다고 언제나 즐겁고 신나는 것은 아니다. 어떤 사람에겐 실망하게 되고 또다른 이에겐 놀라게 된다. 어떤 사람의 실체를 알게 된다는 건 그만큼 더 가까워진다는 뜻인데, 그가 텅 빈 마분지 상자 같은 사람이라는 걸 알게 되면 상당히 곤혹스럽다. 하지만 때론 '이 사람은 참 재미없는 사람이로구나' 하고 맥이 풀려 있었는데, 그의 수집품을 보고 백만 볼트의 전기충격을 받을 때도 있다. 다른 사람에게 지루하고 매력 없는 사람이라는 소릴 듣고 싶은 사람은 아무도 없다. 남들에게 '뜻밖의 반전'을 주는 사람이 되고 싶은 건 세상 모든 이들의 당연한 욕망일 것이다. 더구나 일상에서 뭔가 참신하고 엉뚱한 측면을 찾아내야 하는 직업을 가진 내게, 그런 자극은 생활의 필수요건이다.

무언가를 모은다는 것. 어쩌면 그것은 인간에게 본능이다. 수집은 초라한 인간에게 삶의 원동력이다. 그리고 어떤 때는 수집한 것들이 자신의 뇌와 서로 화학작용을 일으켜 위대한 예술의 씨앗이 될 수도 있다.

일단 모으면, 모든 것이 가능하다.

뭔가를
모으는
사람들,
콜렉터

중학생 시절, AFKN의 심야영화 프로그램에서 〈콜렉터 The Collector〉를 처음 보았다. 영국의 소설가 존 파울즈가 1963년 발표한 원작소설을 윌리엄 와일러 감독(〈벤허〉〈로마의 휴일〉 등으로 유명한 감독)이 영화화한 작품인데, 열다섯 살의 청소년이 보기엔 꽤나 부적절한 소재를 다루고 있었다. 편집증과 스토킹이 영화의 큰 줄기였기 때문이다.
게다가 그렇게 밤늦게까지 몰래 영화를 본 다음 날이면 어김없이 학교에서 꾸벅꾸벅 졸기 일쑤였다.

영화의 줄거리는 이렇다.

한 소심한 은행원이 있다. 내성적이고 고지식한 그의 유일한 취미는 나비 수집이다. 어느 날 그는 복권에 당첨된다. 일확천금을 얻은 그는 은행을 관두고 시골로 내려가 저택을 하나 구입한다. 그리고 봉고처럼 생긴 작은 밴도 하나 산다.

그는 그 차를 끌고 우연히 알게 되어 남몰래 흠모했던 한 처녀의 뒤를 밟는다. 그리고 그 처녀를 나비 마취제를 사용해 납치한다. 그녀는 그의 저택 지하실에서 감금된 채 눈을 뜬다. 그녀는 풀어달라고 사정하지만 소용이 없다. 더 놀라운 것은 그가 자신을 욕보일 생각도, 자신을 이용해 몸값을 받을 생각도 없다는 것이었다. 그는 그녀에게 사랑한다고 말한다. 그 후 그녀는 그의 방 벽에서 무수히 채집된 나비들을 본다. 그리고 깨닫는다. 그가 자신을 '수집'했음을.

섬뜩한 내용이었다. 영화의 말미엔 결국 그녀가 폐렴에 걸려 죽는다. 그 후 그는 또다시 예의 밴을 몰고 다른 처녀의 뒤를 쫓는다.

새로 점찍은 수집 대상을 홀린 듯 뒤쫓는 남자의 뒷모습을 보여주며 영화는 끝이 난다. 책의 서두부터 음산한 스릴러를 들먹이는 이유는, 이 영화 속 주인공의 모습에서 수집벽을 가진 수집가들의 전형적인 특징을 엿볼 수 있기 때문이다.

수집벽을 가진 이들의 전형적인 모습이란 어떤 것일까? 우선 수집가는 내성적이다. 당장 떠올려봐도 스포츠를 좋아하는 활달하고 사교적인 남자가 방구석에 틀어박혀 자질구레한 물건들을 모으며 꼬물거리고 있는 모습을 상상하기란 쉽지가 않다. 물론 활달하고 사교적인 사람이라고 해서 수집과는 전혀 거리가 멀 거라고 장담할 수는 없다. 하지만 뭔가를 모으는 일은 아무래도 내향적인 인물에게 걸맞는다. 사람들과 어울리기 좋아하고 사회적으로 왕성하게 활동하는 사람이 무언가에 집착하며 집요하게 수집할 시간이 있을까?

둘째로, 수집가는 소유욕이 강하다. 두말하면 잔소리. 일단 뭔가를 소유하고 싶은 생각이 뇌 속에 새겨지면 밤잠을 설친다. 어떤 대가를 치르더라도 반드시 그것을 소유하려 애쓴다. 그런 면에서 수집가는 위험하다. 그 노력이 정도를 벗어나면 사회적이고 윤리적인 기준이나 규칙들을 깡그리 무시할 수도 있다. 영화 속의 비뚤어진 주인공처럼.

셋째로, 수집가는 끝없이 모은다. "아, 이 정도면 됐어. 만족해." 수집가가 이런 말을 한다면 그건 100퍼센트 거짓말이다. 과장해서 말하자면 수집가란 죽음에 이르지 않는 한 만족을 모른다. 수집가에겐 삶이 곧 수집이고 수집이 곧 삶이다. 도박에 빠지는 것 못지않게 수집에 빠져 패가망신한 이가 적지 않은 것도 바로 그런 이유 때문일 것이다.

초반부터 수집에 관한 부정적인 이야기만 늘어놓았다. 하지만 사실이다. 뭔가를 모은다는 행위는 마냥 유쾌하고 즐거운 일만은 아니다. 오히려 고통과 좌절, 절망과 갈등 속에서 허우적거리며 빛을 찾아 헤매는 시간이 훨씬 더 길다. 흔히들 수집가가 되려면 충분한 '돈'이 필요할 거라고 생각한다. 하지만 진정한 수집가가 되기 위해 가장 필요한 것은 압도적인 '집중력'이다.

그런 점에서 수집과 쇼핑중독 사이에는 뚜렷한 차이가 있다. 수집은 값비싼 물건을 닥치는 대로 구매하는 것이 아니다. 내가 가치 있다고 믿는 물건에 늘 안테나를 곤두세우고 끈질기게 위치를 추적하다가 적절한 기회다 싶으면 놓치지 않고 낚아채는 포획에 가깝다. 그리고 이때 요구되는 집중력이 각종 문젯거리를 양산한다. 내가 원하는 것을 소유하기 위해 동원할 수 있는 모든 수단과 방법을 찾아내려고 사력을 다하니까.

그렇다고 콜렉터가 사회악일까? 부정적인 측면만 있는 것은 아니다. 예를 들어 수집한 물건들을 사회에 환원한다면 그들의 죄는 사함을 받을 수도 있다. 어쩌면 세상의 수많은 박물관과 미술관들은 모두 수집가들의 위대한 유산이라 할 수 있다. 그들은 우리 대신 역사의 위대한 기념품들을 수집했다. 그렇게 어떤 형태로든 콜렉터들이 수집한 물건들을 다른 이들과 함께 공유하고 즐길 수만 있다면 그 행위는 예술의 경지에 이를 수도 있다.

하지만 모든 수집가들이 박물관을 만들 것도 아니고, 당장 수집가의 가족에게 그들은 정말이지 골치 아픈 존재다. 인생에 별 도움 안 되는 물건을 좁아터진 집구석에 산처럼 쌓아두는 행위를 누가 좋아할까. 그리고 이유야 어찌되었건 물욕이 과한 인간이므로 상종 못 할 족속이라 생각할 수 있다. 가톨릭에서 탐욕은 일곱 가지 죄악 중 하나다. 그만큼 오래전부터 과도한 물욕은 나쁜 짓이라 여겨졌다. 그런데 불행히도 그런 탐욕이 없다면 수집가는 만들어지지 않는다. 욕심이 없는 수집가는 존재할 수가 없는 것이다.

이 책은 나의 수집 이야기다. 최초의 의도는 내가 모은 컬렉션을 다른 이들과 책이란 형태로 공유해보자는 것이었다. 하지만 그리 간단한 일이 아니라는 것을 시작하자마자 깨달았다. 첫 번째 질문에 쉽게 답을 할 수 없었기 때문이다. 그러니까 바로 이 질문.

"나는 왜 모으는가?"

대체 난 왜 모으는 걸까?

나는 왜
모으는가?

글쎄, 정말이지 잘 모르겠다.
그런 이유 생각해본 적도 없다.
그저 가지고 싶은 걸 모으다 보니
세월이 흘러 양이 많아졌다. 그뿐이다.
그래서 내가 진정한 콜렉터인가 곰곰이 생각해보니
아닐 수도 있겠다 싶었다. 왜냐하면 일반적으로 콜렉터라고 하면
좋아하는 것들을 체계적으로 모으는 사람들이기 때문이다.

특징 있는 고가구라든가 특정 시대의 그림, 뭐 이런 식으로. 곤충을 채집해도 나비면 나비 종류로만 모으지 나비, 벌, 잠자리, 파리, 모기를 모으는 것은 아무래도 무척 공력이 떨어져 보인다. 그저 잡스러운 고물상 같은 느낌이 들 뿐이다.

그런데, 그동안 내가 모아온 것들은 매우 잡다하다. 예를 들어 책만 해도 그림책, 사진집, 만화책, 소설책 등인데 거기에 음반, 장난감, 문구류, 그림, 공구 등등 분야가 매우 폭넓다. 그것들 사이의 공통점이라든가 일관성 같은 건 아무리 눈을 씻고 찾아봐도 없다. 하지만 한 가지는 분명하다. 일관성은 전혀 없지만 모두 내가 좋아하는 물건들이고, 그것들을 찾아내 하나하나 모을 때마다 말할 수 없는 기쁨을 맛보았다는 사실이다. 나는 그런 소소한 물건들을 모으며 한없이 행복했다.

아아, 소소한 기쁨, 아련한 행복감. 하지만 여기서 큰 문제가 하나 발생한다. 행복하긴 했는데 나 혼자서만 행복했다는 거다. 나는 행복했지만 그만큼 내 가족들, 특히 아내는 괴로웠다. 집구석에 날이면 날마다 늘어가는 괴상한 물건들을 보며 좋아할 사람이 과연 몇이나 있을까? 물론 아내와 함께, 아니면 적어도 아내의 동의하에 수집한 물건은 별 문제가 되지 않았다. 아내는 수집의 이유를 수긍할 수 있는 물건이라면 어느 정도는 용인해주었다. 하지만 그 밖의 '쓸모없는' 것들에 대해서는 과거에도, 지금도, 앞으로도 반대하는 입장인 것이다.

한데 나로서는 그 '쓸모'라는 부분이 좀 거슬린다. 뭐가 쓸모 있는 물건이고 뭐가 쓸모없는 물건인지를 결정하는 것이 다분히 주관적이니까. 아내가 생각하는 쓸모 있는 물건은 우선 실용적인 것들이다. 처녀 때는 안 그랬는데, 아기를 낳아 기르고 이제 사십 줄에 들어서고 나니, 그러니까 프로페셔널 주부가 된 이후로는 굉장히 '산수'적인 여자가 되어버렸다(산술이 아니라 산수). 처녀 시절엔 함께 좋아하는 것들에 대해 꿈결 같은 대화를 나누곤 했는데 이젠 마주 보기만 하면 잔소리다. 왜 그런 걸 또 샀냐는 둥, 그건 저번에 산 것과 똑같은 거라는 둥, 이번 달 카드 값은 동결이라는 둥, 절대 그냥 넘어가는 법이 없다.

아내에게 미안하다. 진심이다. 아무리 쓸모없어 보이는 물건이라도 훔치지 않는 이상 돈을 주고 사야 한다(그것도 아내가 보기엔 터무니없는 가격으로). 나의 아내는 근본부터 절약정신을 타고난 사람이라 아끼는 것으로는 그 누구에게도 뒤지지 않는다. 마치 보릿고개를 넘기며 사셨던 조상님들처럼 모든 것을 아낀다. 게다가 정말이지 존경스러운 점은 자린고비처럼 무조건 아끼기만 하는 짠순이는 아니라는 거다. 쓸 때는 팍팍 쓰는 화통한 여자다. 어린 시절부터 돈 쓰는 법에 대한 가정교육을 제대로 받은 것이 틀림없다. 아니면 유전자에 특별한 표식이 되어 있든지.

그에 비해 나는 뭔가를 사 모으려고 태어난 인간 같다. 돈 같은 거 있으면 최대한 빨리 다 써버리고 마는, 그런 인간이다. 그래도 지금까지 파산 안 하고 사는 건 전적으로 아내의 덕이라 하겠다. 하지만 따져보면 내가 비싼 물건을 사 모으는 건 아니다. 내 방에 있는 것들은 거의 모두 자질구레한 소품이다.

책이나 음반, 장난감 같은 것들이니 어련하시겠어? 하며 비웃고 있을 당신의 모습이 보이는 것만 같다. 하지만 모르시는 말씀. 집 한 채 값을 훌쩍 넘기는 책, 음반, 장난감이 세상에는 넘쳐난다. 당신이 모르고 살 뿐이다. 그런 것들에 대해 잘 아는 나는 스스로를 연민할 수 있다. '정말이지 내가 모으는 건 가난한 것들이라구' 중얼거리면서. 그러나 그조차 아내에겐 통하지 않는다. 그런 식으로 변명하면 여지없이 한방 날아온다.

"차라리 그런 값어치 있는 물건을 모으시던가."

그럼 나는 여태껏 별 가치도 없고 서로 공통점도 없는 물건들을 모으며 행복했었다? 스스로 써놓고 읽어보니 영 이상하다. 그런 것들을 나는 뭐하러 열심히 모았던 걸까? 힘이 쭉 빠지는 것 같다. 소파에 벌렁 드러누워 존 워터스의 영화 〈크라이 베이비Cry-Baby〉 OST를 들으며 천장을 바라본다.

그때 갑자기 내 안에 섬광이 비친다.

"아니야. 쓸모없는 것들을 모은 게 아니었어! 모두 내가 수집한 거잖아! 난 기억을, 추억을 수집했던 거야!"

깨달음의 순간이다.

그렇다. 난 내 추억의 조각들을 모은 것이었다.

추억이란 실체가 없다. 내 머릿속에만 존재한다. 파편화된 그런 기억들은 대부분 시간이 지나면 잊히기 마련이다. 그리고 당연하게도 무척 주관적인 것이라 타인은 이해하거나 공감할 수가 없다. 오직 자기 자신만의 것이므로. 내가 모은 물건들은 모두 내 기억의 조각들이다. 과거의 추억을 떠올릴 수 있는 물건들, 아니면 적어도 미래에 추억이 될 것이라 여겨지는 물건들을 나는 모아왔다. 그것은 객관적 값어치를 떠나 어쩌면 한 개인에게는 가장 중요한 것일 수 있다. 그런 것들이 개인에게조차 쓸모가 없다면 과연 세상의 그 무엇이 그보다 더 소중한 것이 될 수 있겠는가.

'아, 나는 추억의 조각을 모으는 로맨티스트였던 거구나……' 하고 흐뭇하게 앉아 다 식은 커피를 홀짝이는데 우편물 사이로 카드 고지서가 빠끔히 고개를 내밀고 있다. 잽싸게 열어 보니 역시 이번 달도 예산 초과다.

나는 그것을 두 번 접어 꼭꼭 호주머니에 집어넣는다. 어차피 들통 날 성적표를 숨기는 초등학생의 심정으로.

열려라
참깨,
보물창고를
사수하라

기억을 더듬어보면 나는 아주 어려서부터 뭔가 모아두는 것을 좋아했다. 수집에 관한 가장 오래된 기억은 '보물창고'에 대한 것이다. 아라비안나이트 속 사십 인의 도적들이 훔쳐다 쟁여둔 금은보화로 가득 찬 보물창고 이야기 같은 스케일은 물론 아니다. 시작은 아주 단출했다. 애초에는 조그만 내복 상자에서 출발했다.

내복이 들어 있던 그 상자는 A4 복사지 정도 크기에 높이는 5~6 센티미터 정도였다. 거기에 내가 가지고 있는, 어린 마음에 딴에는 소중하다고 여겨지는 물건들을 넣어두었다. 딱지나 구슬 같은 것들. 그리고 아끼는 미니카도 몇 대 있었는데 동생들 것도 슬쩍 그 안에 넣어두곤 했다.
　동생들은 형의 보물상자 속에서 자신의 미니카를 발견하고는 불만을 늘어놓았다. 욕심쟁이였던 나는 동생들의 물건까지 그 상자에 넣어 아무도 못 찾을 것 같은 곳에 숨기곤 했던 것이다. 동생들은 악질 형이 자신의 것을 빼앗았다며 어머니께 이르곤 했다. 혼이 난 나는 시무룩한 표정으로 그것들을 마지못해 돌려주고는 시간이 가길 기다렸다. 동생들의 관심이 그것들에게서 떠날 때까지.
　일주일 정도면 충분했다. 어린 동생들은 금세 자기 물건에 대한 흥미를 잃었고 그러면 미니카는 다시 내 보물창고로 얌전히 되돌아왔다. 어쩌다가 이런 도둑고양이 같은 성격의 아이로 생겨먹었는지 정말이지 나도 모르겠다.
　이렇게 탐나는 것이 생길 때마다 주워 모아 보물창고에 차곡차곡 쌓다두다 보니 금세 상자 뚜껑이 안 닫히곤 했다. 그래서 소라게

의 소라껍질처럼 상자의 크기는 점점 커져야 했다. 결국 나는 상자를 포기하고 서랍을 접수하기 시작했다. 하지만 짐작하다시피, 서랍도 이내 충분하지 않게 되었다. 내 보물창고는 책상에 딸린 서랍에서 시작해 장롱의 서랍으로 옮겨갔다. 안방의 옷장 서랍을 비우고는 그 안에 내가 모은 물건들을 넣었다. 그런 다음 그 위에 셔츠와 스웨터로 한 겹을 얇게 덮었다. 밀려난 옷가지들은 다른 서랍에 꾹꾹 욱여넣었다. 새로 세탁한 옷을 넣으려다 내 물건들을 발견한 어머니가 꽥 소리를 지르셨다.

"우이라아아아! 장롱 속에 네 물건 넣지 말랬지!"

부엌의 찬장, 다락의 서랍 등으로 종횡무진 옮겨다니던 역마살 낀 내 보물창고는 결국 괴상한 곳에 자리를 잡았는데, 다름 아닌 전축의 레코드 장이었다. 레코드가 꽂혀 있는 장 한쪽 칸을 비우고 그 안에 내 물건들을 넣어두었던 것이다. 어머니와 아버지는 이번에도 그 사실을 알아냈지만 옷장이라든지 뭐 그런 데보다는 낫다고 생각하셨는지 더 이상 소리를 지르진 않으셨다.

돌이켜보면 그 어린 나이에 왜 그렇게 나만의 것들을 모아둘 장소가 필요했는지 모르겠다. 도대체 누구로부터 그런 하잘것없는 물건

들을 지키려고 했던 걸까? 아마도 날마다 삼형제와 부대끼면서 소유를 명확하게 구분하는 습성이 생겼나보다. 그러니까 내 물건은 내 것, 동생들 것도 내 것.

며칠 전, 초등학생 딸아이가 밥을 먹다 말고 불쑥 이렇게 말했다.
"아빠 못됐더라?"
"뭐가?"
"삼촌이 그러는데 옛날에 아빠가 삼촌들 물건 다 뺏었다며?"
"뭐? 내가 언제! 뭘 뺏었다는 건데?"
"할머니가 장난감 세 개를 하나씩 나누어주면 아빠가 삼촌한테 자기 거랑 바꾸자고 그랬대. 삼촌이 싫다고 해도 계속 바꾸자고 졸랐다더라? 그래서 하는 수 없이 바꾸고 며칠 지나면 장난감 세 개가 모두 아빠 방 서랍에 들어 있었다던데? 진짜 못됐잖아!"

나는 할 말을 잃었다. 얼굴이 화끈거렸다. 어린 시절 내가 동생들에게 사용하던 장난감 강탈 수법을 딸애가 알고 만 것이다.

"그, 그래도 이젠 아빠가 책이며 장난감도 삼촌 주고 그러잖아. 그리고 그런 물건들은 몇 년 전에 다 돌려줬어. 아빠가 그동안 보관을 잘 했다가 돌려준 거지. 야, 삼촌들이 얼마나 물건을 잘 잃어버리고 그러는지 너 모르냐? 나니까 삼십 년 동안 보관했던 거지, 안 그랬으면 오래전에 다 없어졌을걸?"

그러고 보니 이 변명은 과거에 우리나라에서 보물을 강탈해간 이웃 나라가 많이 써먹는 거네.

마징가
딱지대왕

역시 취학 전. 문방구에 갔다가 엄청난 것을 발견했는데
다름 아닌 새로 나온 마징가제트 딱지였다. 마징가제트는
당시에 어린이들이 가장 좋아하는 텔레비전 프로그램으로
해질녘까지 세상모르고 뛰어놀다가도 프로그램이
시작할 시간이면 귀신 같이 아이들을 그 앞으로
불러들이던 강력한 캐릭터였다. A3 사이즈 정도의
마분지 한쪽 면에 올컬러로 인쇄된 그 딱지를 발견했을 때
내 심장은 터질 것만 같았다.

그 기분은 아마도 무라카미 하루키의 열혈 팬이 아무런 소식도 모르고 책방에 들어갔다가 그의 신간 소설을 세 권 정도 발견했을 때 느낄 법한 그런 것이었다. 이것 봐라, 마흔이 넘어서도 난 그때의 기분을 또렷이 기억하고 있다.

10원에 두 장. 딱지 한 장에 5원 하던 시절이었는데, 단 한 장을 사서 곱게 뜯어 동네 친구들이랑 호기롭게 놀다가 순식간에 몇 장을 잃게 되었다. 잃은 것은 아수라 백작도 아니고 헬 박사도 아니고 마징가가 로켓 펀치를 발사하는 장면 같이 귀한 것들.

굉장히 속이 상해 집에 들어왔는데, 그때 마침 탁자 위에 놓인 500원짜리 지폐가 눈에 들어왔다. 머리보다 먼저 손이 나갔고, 종이돈을 움켜쥐자마자 그대로 돌아서서 문방구로 달려갔다. 그리고 문방구 아저씨에게 지폐를 내밀며 재벌집 손자인 양 주저 없이 마징가 제트 딱지 500원어치 달라고 말했다.

그것의 무게는 당시의 느낌으로 무거운 책 한 권에 육박했다. 그걸 들고 집으로 돌아올 때의 기분이 아직도 생생하다. 확실히, 기쁨보다는 앞으로의 비난과 회초리에 대한 걱정이 컸다. 우선 어머니의 돈을 훔친 것이 문제였고, 그 돈으로 모조리 딱지를 산 건 더 큰 문제였다. 하지만 이상하게도 그때 돌아오며 걱정했던 기억은 나는데 그 후에 야단맞은 기억은 전혀 없다.

혹시 무사히 넘겼던 것일까?

만약 아직도 그 일을 모르신다면 어머니, 용서해주세요. 삼십오 년치 이자 쳐서 갚겠습니다.
 그건 그렇고, 아무리 좋아도 그렇지 똑같은 그림의 딱지를 어쩌자고 그렇게 많이 샀을까. 마징가 딱지대왕이라도 되고 싶었나보다.

프라모델
보험

지금도 내가 가장 좋아하는 취미 중 하나는
모델 키트를 조립하는 거다. 크고 작은 플라스틱 조각들이
가득 들어 있는 커다란 마분지 상자를 들고 있으면
가슴이 부풀어 오른다.
내가 취학 전이던 시절에 텔레비전에서 볼 수 있는
거의 대부분의 애니메이션은 일본산이었다. 그리고
당연하지만 시중에 나와 있는 모델 키트도 거의가
일본의 모델 키트, 일명 '프라모델'이라 불리는
것들이었다(모터사이클을 오토바이로 부르는 것처럼 일본
사람들은 모델 키트를 프라모델이라는 이름으로 불렀다).

마징가제트며 마린보이, 우주소년 아톰, 달려라 번개호, 이겨라 승리호, 서부소년 차돌이, 황금박쥐, 유성가면 피터 등등. 어린이들은 텔레비전 만화 캐릭터들만큼이나 그 모습을 재현한 프라모델도 무척 사랑했다. 우리는 별다르게 사야 할 것도 없으면서 하루에 한 번은 꼭 문방구에 들렀다. 그리고 간절한 염원을 담은 눈으로 새로 나온 프라모델 상자에 시선을 고정한 채 문방구 유리창에 하염없이 얼굴을 부벼대며 코와 침을 묻혔다.

그나마 어머니는 우리 형제들이 프라모델이나 어린이 잡지 같은 것을 사는 데 관대한 편이었다. 우린 용돈이 모일 때마다 어머니를 졸라 그것들을 사서 만들곤 했다. 그런데 당시의 프라모델은 요즘 만들어지는 것들만큼 정교하지가 않았다. 이가 안 맞아 프라모델용 본드가 없으면 제대로 조립할 수 없는 게 대부분이었고 설명서도 볼품없었다. 게다가 일본에서 만든 프라모델 틀을 가져다가 복제한 제품이 많아 상태가 말할 수 없이 조악했다. 우린 되도록 상태가 좋은 것(만화에서 보던 것과 생김새가 여러 모로 닮은 것)을 사기 위해 반드시 상자를 열어 내용물을 확인하고는 했다.

문제는 이런 프라모델 사랑과는 별개로 내 프라모델 조립 실력이 순 엉터리였다는 것이다. 정말이지 지지리도 못 만들었다. 커터나 본드를 익숙하게 다루지 못해서 다 조립하고 나면 엄청나게 지저분해지기 일쑤였다. 모터가 들어 있는 경우엔 절대로 작동하는 법이 없었다. 성격은 급하고 손은 무뎌서 곧잘 조립을 망치곤 했던 것이다. 제대로 가르쳐줄 사람이 없기는 했지만 아무리 그래도 너무하다 싶은 실력이었다. 돌이켜보면 어떻게 그림을 그리는 나름 섬세한 직업을 가지게 되었는지 스스로도 의심스러울 정도다.

그런 나에 비해 동생은 손재주가 뛰어나 언제나 조립을 완벽하게 해내곤 했다. 꼼꼼하고 느긋한 성격 탓도 있었고 기본적으로 똑소리 나는 아이였다. 당시엔 프라모델 만들기가 지능개발에 도움이 된다고 광고를 하곤 했다. 그런데 생각해보면 조립을 해서 똑똑해지는 것이 아니라, 원래 똘똘하고 지능이 높은 아이들이 프라모델도 잘 만들었던 것이다.

마흔이 넘은 현재 조립 실력이 늘었냐 하면 꼭 그렇지도 않다. 삼십 년째 제자리걸음이다. 물론 이제는 설계 도면과 전혀 다른 모습으로 엉뚱하게 만들어버리는 경우는 없지만, 지금도 그다지 꼼꼼하다거나 완벽하다고는 말할 수 없는, 그렇고 그런 실력인 것이다. 역시 프라모델을 잘 만들려면 차분하고 조심스러운 성격이 제격이다. 당연히 머리도 좋아야 하고.

시간이 많이 흘렀다. 당시의 나보다도 큰 딸을 둔 지금, 나는 아직도 수십 개의 프라모델을 가지고 있다. 물론 아직 조립하지 않은 것들이다. 구할 때 모습 그대로 상자에 보관되어 있다. 그것들이 어린 시절부터 가지고 있었던 것이냐 하면, 그렇지는 않다. 모두 최근 십여 년 사이에 모은 것들로, 기웃거리던 가게에서 마음에 드는 것을 발견할 때마다 한두 개씩 사둔 것이다.

오래전의 기억에 이끌려 다시 프라모델을 찾게 된 후 가장 먼저 모으기 시작한 것은 자동차 프라모델로 타미야 사(社)의 제품들이었다. 그리고 SF시리즈의 키트를 거쳐 로봇, 애니메이션 캐릭터 등을 모았다. 도쿄 여행을 할 때면 나카노 브로드웨이에 있는 만다라케 같은 가게에 갔다. 그런 곳에서 어린 시절에 가지고 놀았던 것과 같은 빈티지 제품도 구입하고, 복각해서 만든 것도 샀다.

아득한 옛날에 만들었던 것을 다시 구해 상자의 뚜껑을 열면, 그야말로 타임머신을 타고 초등학생 시절의 자신에게로 돌아가는 기분이 든다. 그리고 그것들을 몇십 년 만에 다시 만들며 어린 시절의 추억을 더듬어본다. 그것을 조립하는 동안의 기분은, 경험해보지 않은 사람은 알 수가 없다. 책상에 앉아 조물거리며 프라모델을 신중하게 조립하고 있노라면 정말이지 하루가 후딱 지나간다. 그렇게 완전한 동심의 세계로 돌아갈 수 있다는 게 신기할 정도다. 한낱 플라스틱 조각을 조립하면서 말이다.

프라모델을 조립하고 있으면 일의 스트레스 같은 것은 씻은 듯이 사라진다. 그러다 보니 여러 가지 현실의 괴로운 일이 생길 때마다 프라모델을 조립했다. 비록 조립식 장난감일 뿐이지만 그것에 얽힌 과거의 추억이 있는 이에겐 더없이 좋은 치료제가 되는 것이다.

그런데 언젠가부터 열심히 사 모으기는 하는데 도무지 만들지를 않는다. 아직도 책장 꼭대기에 조립하지 않은 프라모델 상자가 수북이 쌓여 있다. 그럼에도 여전히 가끔씩 그것들을 산다. 아내는 이제 프라모델은 많이 있으니 그만 사고 좀 만들라며 나무라곤 한다. 나는 너무 바쁘기 때문에 지금은 만들 수가 없노라고 변명 아닌 변명으로 대꾸한다.

하지만 반드시 그 이유 때문만은 아니다.

실은 만들기가 조금 아깝다. 프라모델은 조립하는 과정이 생명이다. 그것은 딱 한 번만 조립할 수 있다. 그게 끝난 프라모델은 물론 완성된 것이지만 프라모델로서의 생명은 끝난 것이나 다름없다. 완성된 후 장식장에 놓여 먼지만 수북하게 덮어쓸 운명인 것이다. 아직 조립되지 않은 프라모델은 가능성이 무궁무진하다. 위대한 작품이라고 말할 수 있을 정도로 정교한 모형이 만들어질 수 있는 '미래가 있는' 물건인 것이다.

아마도 그래서 많은 프라모델 콜렉터들이 그것을 사서는 조립은 하지 않고 그대로 보관하는 것일 거다. 심지어는 상자의 모서리나 일러스트레이션이 상할까봐 비닐 같은 것으로 다시 한 번 싸서 포장해 두기도 한다.

그런 면에서 프라모델은 우표수집과 비슷하다고 말할 수도 있겠다. 예전에 우표를 모으던 이들은 우체국에서 새로 나온 기념우표를 구해서는 아무 짓도 하지 않고 고이 보관했다. 테두리의 흰 여백을 뜯어내지도 않고 그대로 두었으며 당연히 사용하지도 않았다. 그래야 때 묻지 않은 가치를 지닌다고 생각했으니까.

프라모델도 마찬가지다. 하지만 프라모델은 아무리 얌전히 모셔

둔다 해도 희귀우표처럼 엄청나게 가치가 높아지는 건 아니다. 그런데도 뭘 그리 열심히 모으느냐고 묻는다면 멋진 대답이 하나 있긴 하다.

  이것도 일종의 보험이라는 것. 나이 들어 호호백발이 되었을 때의 소일거리로 남겨둔 것이라고 말하고 싶다. 이건 정말이지 변명이 아니다. 그때까지 눈이 잘 보이길 바랄 뿐이다.

만화가의
방

우리 집에 온 사람들은 여러 번 놀란다.
일단은 집 안 곳곳에 있는 자질구레한 잡동사니들 때문에
놀란다. 벽들은 온통 그림과 포스터 액자로 덮여 있고,
장식장에도 물건들이 잔뜩 들어 있다.
산뜻하고 미니멀한 인테리어와는 거리가 멀다.
일층 거실에는 가운데가 움푹 파인 나무 탁자가 있는데,
그 속엔 손안에 쏙 들어올 정도 크기의 자그마한 물건들이
수백 개쯤 들어 있다. 너무 많이 켜켜이 쌓여 있어서
아래 깔린 것들은 아예 보이지도 않는다.

그다음은 책 때문에 놀란다. 무슨 책이 이리 많으냐고 한다. 나는 동문서답 식으로 답하곤 한다. 다 읽은 것은 아니라고. 이층의 벽 쪽으로는 대부분 책장이 있는데 하나같이 빼곡해서 더 이상 책을 꽂을 자리가 없다. 그 무게를 견디지 못하고 이층이 내려앉으면 어쩌나 살짝 걱정이 될 정도다.

도대체 무슨 책이 이렇게 많은가 하고 책장을 자세히 들여다보면, 그 구성의 잡다함에 한 번 더 놀라게 된다. 모든 장르가 두서없이 마구 꽂혀 있는데 이를테면 만화책 『아따맘마』와 400페이지가 넘는 『오비디우스』가 이웃하고 있고 그 옆에 다스베이더 프라모델 상자가 놓여 있는 식이다. 솔직하게 말하자면, 찾고자 하는 책을 단숨에 찾은 기억이 별로 없을뿐더러 심지어 며칠 동안 뒤져도 도저히 찾질 못해 그냥 새로 산 경우도 한두 번이 아니다(자랑처럼 떠들고 있지만 내게도 조금은 슬픈 일이다!).

마지막으로 이층 내 방의 모습을 보고 놀라기를 마무리한다. 방 안으로 들어서면 대부분의 사람들은 벌레가 드나들 정도로 입을 쩍 벌린다. 겨우 쪼그리고 앉아 작업할 수 있을 만한 자리만 빼고는 모두 물건들로 가득하기 때문이다. 나 스스로도 내 방에 들어올 때면 이런 생각이 들곤 한다.

'과연 이런 곳에서 작업다운 작업을 할 수 있을까?'

방 안에 쌓여 있는 물건들이 작업에 도움이 되느냐 하면, 나는 적어도 반반이라고 말하고 싶다. 책이든 뭐든 물건들로부터 영감을 얻

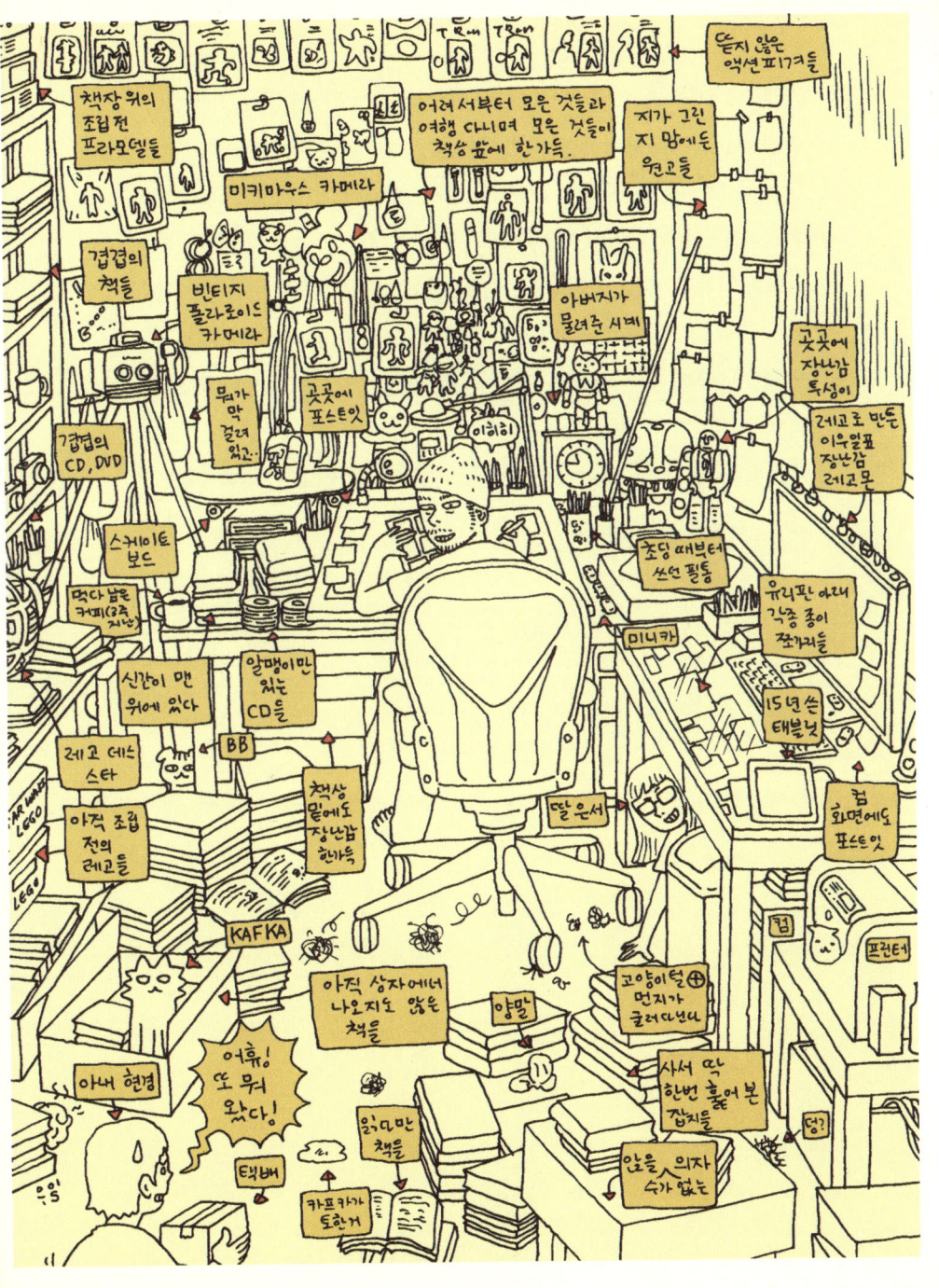

기도 하지만 그것들 들여다보느라 집중력을 잃기 십상이기 때문이다. 자료 좀 들여다보다 보면 어느 틈엔가 엉뚱한 장난감을 만지작거리고 있는 자신을 발견하게 된다. 그래서야 아이디어를 얻었다 한들 작업을 완성할 수나 있을지 의문이다.

그래도 난 내 방을 사랑한다. 책상 앞에 앉아 턴테이블에 오래된 음악을 올린 후 벽에 걸려 있는 수많은 잡동사니들을 하나씩 보고 있노라면 세상의 삼라만상을 모두 품은 기분이 든다. 마감의 스트레스? 그런 거야 밤하늘의 별가루처럼 흩어져 사라진다.

사람들은 묻는다. 만화가의 방은 다 이러냐고. 나도 다른 만화가의 방은 거의 본 일이 없으니 알 수 없는 노릇이다.

조용한
문제아

중고등학교 시절에 제일 열심히 모은 것은 영화음악과
팝음악 레코드 그리고 영화잡지였다. 무슨 대중문화
전문가처럼 열심히 사 모았다. 레코드를 모으는 것은 별로
문제되지 않았다. 우리 집안에 이미 레코드광 선배가
있었는데 바로 막내고모다. 어림잡아도 삼사천 장은 되었다.
그런 골수 마니아가 있어서인지 내가 레코드를 열심히
모으는 것을 어른들은 학생의 좋은 취미로 여기는 듯했다.

문제는 영화잡지였다. 당시 우리나라엔 영화잡지가 전무했다. 아니 대중문화를 다루는 잡지 자체가 없었다. 고등학교 때 《스크린》이란 이름의 잡지가 나오기 시작했는데, 같은 제목의 일본 영화잡지와는 여러 모로 비교할 수 없는 수준이었다. 내가 열심히 모으던 책은 일본의 영화화보 잡지인 《로드쇼》와 《스크린》. 당시 이 잡지들은 중고생들 사이에서는 꽤나 유명했다. 하지만 그들의 용돈으로 구해 보기에는 비싼 가격이었다. 나는 잡지들을 사기 위해 용돈을 동전까지 긁어모아야 했고, 레코드를 한두 장 포기해야만 했다.

그래도 문제는 남아 있었다. 어머니가 그 잡지들을 몹시 못마땅해 하셨던 것이다. 우선은 공부에 전혀 도움이 안 되는 책인 것이 문제였고, 영어도 아닌 일본어로 된 것이어서 더 그랬다. 무엇보다 학생이 사서 보기에는 터무니없는 가격이었다. 만화잡지 《보물섬》의 서너 배 값이었으니까. 하지만 그래서 몰래몰래 한 권씩 사서 모으는 그 재미는, 이루 다 표현할 수 없을 정도였다. 나는 우리나라에선 개봉도 하지 않은 따끈따끈한 할리우드 영화와 배우들의 사진, 포스터를 마음껏 즐길 수 있었다.

그렇게 몇 년을 모았다. 중학교 때부터 고등학교 때까지 족히 삼 년은 넘게 모았다. 다락에서 할머니가 쓰시던 거대한 나무상자를 꺼내 잡지들을 담은 뒤, 내 방에 있는 붙박이장에 넣고는 자물쇠까지 채워 아무도 모르게 보관했다. 그러니까 그것은 청소년 시절의 내 보물창고라 할 수 있었다.

어느 날, 어머니에게 보물창고가 발각되었다. 어머니는 충격을 받으셨다. 무슨 돈으로 이것들을 사 모았는지, 얼마나 오랫동안 무슨 생각으로 모았는지 내게 따져 물으셨다. 어머니는 당장 몽땅 헌책방에 주고 오라 하셨다. 한참을 혼이 나고 정말로 죄의식에 사로잡힌 나는 그 길로 곧장 근처의 헌책방에 가서 그것들을 헐값에 넘겼다. 헌책방 아저씨는 그야말로 땡 잡은 표정이었다. 그 잡지들은 중고생들에게 인기 절정이었으니까. 한 권에 고작 500원씩 쳐주었다. 헐값임을 알았지만 나는 주는 것만 받아 집으로 돌아왔다.

확실히 나는 조용한 문제아에 가까웠다. 학교에서 문제를 일으킨다거나 큰 사고를 치는 것은 아니었다. 하지만 공부를 열심히 하거나 운동을 좋아하거나 하는, 어른들이 흔히 얘기하는 바른생활을 하는 아이도 아니었다. 언제나 방구석에서 만화를 보거나 음악을 듣거나 수집한 물건들을 들여다보며 시간을 보냈다. 부모님들은 그런 나를 많이 걱정하셨다. 그럼에도 불구하고 그런 나의 취미(?) 생활은 그대로 어른이 된 뒤까지 이어졌다.

모든
새로운 것은
낡은 것이
된다

유치원 때 부모님이 사주신 텔레비전 만화영화 주제곡을 모은 LP들을 빼면, 내가 처음으로 구입한 음반은 '아바ABBA'의 LP였다. 초등학교 4학년 때였다. 그 후로 수많은 가수와 그룹들을 알게 되었고 용돈이 모일 때마다 나는 그들의 앨범을 사 모았다. 영화음악도 꽤 모았다. 좋아하는 영화를 찾게 될 때마다 구했더니 나중엔 가수들의 음반보다 OST가 더 많아졌다.

대학을 졸업할 무렵, LP가 지고 CD의 시대로 접어들었지만 음반은 계속 모았다. 팝에서 록으로 클래식에서 재즈로 장르도 다양했다. 정확히 세어보진 않았지만 아마 지금은 CD가 이천 장 정도 있는 것 같다. 하지만 내가 무슨 카페 주인도 아니고, 골칫덩어리다. 그중에 가끔이라도 듣는 음반은 채 절반이 안 된다. 그런데 이젠 CD의 시절마저 끝났다고들 한다. 아무도 CD를 안 사고 안 듣는 것은 아니지만, 전성기에 비해 엄청나게 판매량이 줄었고 언제 LP와 같은 운명이 될지 알 수 없어졌다.

물론 아직도 옛 풍취를 그리워하며 LP를 소량으로나마 발매하는 뮤지션들이 있다. 예를 들면 화이트 스트라이프스 The White Stripes 의 잭 화이트처럼. 하지만 이제 싱글 음반이나 디지털 음원만 나오는 경우가 빈번해졌으니 뮤지션들의 CD조차 한정판으로 소량만 발매하게 될 날이 머지않았다.

이런 대세와는 다르게, 나는 책장에 꽂혀 있는 종이로 된 책들이 계속 살아남길 원하는 것과 같은 마음으로, CD와 LP의 운명도 계속되었으면 한다. 언제나 편리하고 실용적인 것만이 최고는 아니니까.

만약 오래전부터 사람들이 오직 그런 것들만 원했다면 세상은 지금과는 완전히 다른 모습이 되었을 것이다. 나는 종이로 된 책을 읽고, 음반으로 발매된 음악을 들으며, 종이에 펜으로 그림을 그린 만화가로 사람들에게 기억되고 싶다. 그런 물건들을 사용하던 특별한 시대를 함께 살아간 멋진 사람으로 기억되고 싶다.

추억의 끈

결혼한 후에 가장 충격적이었던 사건 중 하나는,
일 년의 긴 신혼여행에서 돌아와보니 내가 어려서부터
모아온 레코드를 어머니가 모두 고물상에 넘긴 것이었다.
초등학교 시절부터 음반을 모았지만 턴테이블이
고장 난 뒤로는 카세트테이프나 CD로만 음악을 들었다.
그리고 솔직히 보관 상태가 썩 좋지도 않았다.
장가 간 아들의 짐 정리를 하시던 어머니 눈에 그것들이
쓸모없어 보인 것은 어쩌면 당연한 일이었다.

하지만 어린 시절부터 모은 삼백 장 남짓의 레코드를 한순간에 잃어버렸을 때의 그 기분은 참담했다. 할 말이 없었다. 실망한 나를 보고 어머니도 굉장히 미안해하셨다. 하지만 이미 엎질러진 물이었다.

몇 년 전, 저렴한 휴대용 턴테이블을 하나 구입했다. 그리고 인터넷으로 레코드를 몇 장 샀다. 새로 구한 중고 레코드들은 모두 오래전에 내가 수집했던 그 음반들이었다. 비틀스, 아바 그리고 옛날 영화음악도 몇 장. 지지직거리는 그 레코드들을 다시 틀어 들으며 어린 시절을 추억할 수 있었다. LP에는 아무리 좋은 디지털 음원으로도 흉내 낼 수 없는 음색이 있다. 바늘과 비닐 플라스틱의 물리적 접촉은 고전적이고 신화적인, 바로 그런 느낌이다.

기억이란 소중하다. 생명이 없는 어떤 물건을 대상으로 애틋한 감정을 느끼며 과거의 향수를 즐긴다는 건 신기한 체험이다. 그런 물건을 통해 어린 시절, 추억할 만한 과거가 있었다는 사실을 깨닫고 행복감에 휩싸인다. 어쩌면 수집이 우리 삶에서 의미를 가지는 것도 바로 그런 측면, 즉 사물을 통해 시간의 경험을 추억하는 특별한 기분을 선사하기 때문일지도 모른다.

하지만 그 물건들이 지금 없다고 해서 과거를 추억하는 끈이 영원히 끊어진 것은 아니다. 물건들은 결국 도구일 뿐, 기억은 온전히 우리들 자신의 것이니까. 그럼에도 추억이 서린 물건은 자신의 잃어버린 기억을 되찾기 위한 가장 쉬운 열쇠다.

수집은
꼬리를 물고

스스로 모은 물건들에 대한 평을 해보자면, 얕고 넓게 모았다는 표현이 적당하다고 하겠다. 뭔가 종류는 이것저것 많은데 그 깊이는 한없이 얕기만 하다.
"음, 이런 것도 모았군. 그럼 또 뭐가 있지? 뭐? 없어? 그럼 컬렉션이라 할 수 없는 거 아닌가?"
아무래도 콜렉터의 수집 방식은 모으는 이의 성격을 그대로 빼닮는 것 같다.

대학 다닐 때 만화에 빠져 서클에서 한창 만화를 그리던 시절, 아버지께 만화가가 되겠다고 말씀드리자 아버지는 내게 딱 한마디를 하셨다.

"만화가가 얼마나 많은 것을 알아야 하는지 아니?"

아버지는 아마도 일반인의 상식을 바탕으로 내게 충고를 하셨던 것 같다. 시사만화가 정도를 만화가라고 생각하시는 분이니까.

다행인지 불행인지 나는 깊게는 아니더라도 잡스럽게 많이 아는 것에는 나름 일가견이 있었다. 나는 어려서부터 잡스러운 아이였다. 보고 듣고 하는 것의 표피적인 것은 꽤나 연쇄적으로 흡수하는 아이였던 것이다. 하지만 넓게 많이 아는 편이긴 한데 깊이 아는 게 없다는 게 문제라면 문제였다. 지구력도 없어서 뭔가를 깊게 파는 스타일이 결코 아니었던 거다. 이건 지금도 마찬가지다.

잡스럽게 많이 아는 것이 만화를 그리는 데 도움이 되느냐 하면 그건 꼭 그렇지는 않은 것 같다. 만화가도 다른 직업을 가진 이들과 마찬가지다. 자신이 알고 싶은 쪽으로만 알면 된다. 만물박사가 될 필요는 없는 거다. 많이 알고 있으면 여러 가지로 도움이 되기는 하지만, 결정적이냐 하면 그다지 그런 것은 아니다. 만화는 어떤 의미로든 역시 재미있는 게 최고다.

그런데 콜렉터에게는 바로 그 넓게 안다는 사실이 자주 문제가 된다. 아는 만큼 보인다. 모르면 가지고 싶은 마음도 생기지 않는다. 견물생심이다. 알면 찾게 되고, 직접 보고 싶어지고, 보면 갖고 싶어진다. 결국 그 마음이 커지면 포기하지 못하고 집착한다. 콜렉터가 되는 데는 깊게 아는 것보다 넓게 아는 게 어쩌면 훨씬 위험하다. 분명히 마이클 잭슨의 음악을 듣고 있었는데 한 시간 후엔 도저히 알 수 없는 경로를 거쳐 이베이에서 빈티지 마징가제트 피겨를 구하고 있는 자신을 발견하게 되는 것이다.

만화가는 자신의 단편적인 지식과 경험들로 화학작용을 일으켜 난생처음 보는 엉뚱한 유머를 만들어낼 수 있다. 광고를 만들어내는 사람은 같은 재료로 동료들과 브레인스토밍을 해 새로운 광고 아이디어를 낼 수도 있을 것이다. 하지만 콜렉터는 위험하다. 잠깐 정신 팔린 사이에 자신이 평소엔 별 관심도 안 가지던 물건들로 자기 방을 가득 채울 위험을 안고 살아간다. 그래서 그런 콜렉터가 불행한 걸까? 그래도 그런 얕은 지식이야말로 콜렉터들의 가장 큰 프라이드가 아닐는지.

내 것이
아니었던
낡은 책을
쓰다듬으며

어쩌면 수집에 대한 나의 집요한 성격은 유전적인 것으로부터 왔는지도 모른다. 나는 한번 내 수중에 들어온 물건이 날 떠나는 것을 싫어한다. 단순한 욕심의 문제가 아닌 것이다. 어쩌면 지금까지 수집한 물건들도 단지 버릴 수가 없어서 싸들고 사는 것인지도 모르겠다.

어린 시절 우리가 살던, 예전엔 할아버지 할머니가 사시던 집에는 다락이 여러 개 있었다. 초등학교 저학년 시절은 집의 이곳저곳을 탐험하던 시기였는데, 당시 다락의 상자들에서는 별의별 것이 다 나왔다. 고모 삼촌들의 어린 시절 성적표에서부터 노트, 교과서, 편지, 엽서, 심지어는 일기장까지 나왔던 것이다. 도대체 그런 것들을 왜 할머니는 꼭꼭 쌓아두셨는지 우린 도저히 알 수가 없었다.

미국에서 도서관학을 공부하시던 큰고모의 문고판 책들도 몇 박스나 나왔다. 표지의 일러스트레이션은 그럴듯한데 안에는 온통 영어밖에 없는 책들이었다. 더 놀라운 것은 그 작은 인쇄체 글자 밑에 손으로 쓴 깨알 같은 글씨들이 적혀 있는 것이었다. 큰고모님이 사전에서 찾은 발음기호며 낱말의 뜻 같은 것들을 메모해둔 거였다. 할머니는 그런 책들까지 단 한 권도 버리지 않으셨다. 나의 어머니는 그런 것들에 질색하셨다. 할아버지 할머니가 사시던 그 집의 다락엔 온통 그분들이 버리지 못한 물건들 천지였기 때문이다.

시간이 흐르고 흘러 결국 이사를 몇 번이나 하는 동안 그 물건들은 모두 처분되었다. 어쩔 수가 없는 일이었다. 그 집은 꽤 컸지만 우리가 이사하는 집은 그에 비해 작았기 때문이다. 그 집은 할아버지와 할머니 그리고 그분들의 일곱 아이들이 자란 집이었으니 우리에겐 너무나 컸다. 작은 집으로 이사하며 우린 할머니가 모아두신 거의 모든 것을 버리고 떠났다.

하지만 그 집을 떠나며 난 왠지 그것들을 다 버릴 수가 없었다. 그래서 이것저것 내 손으로 챙길 수 있는 것들을 챙겼다. 그래봤자 다 자질구레한 것들이었다. 그래도 어쩐지 빈손으로 떠날 수는 없었다. 챙긴 것 중에는 큰고모님이 보시던 문고판 책이 몇 권 있다. 제일 마음에 드는 것은 워싱턴스퀘어 프레스북이라는 출판사에서 나온 셰익스피어 문고판 시리즈로, 1962년에 여섯 번째로 인쇄한 것이다. 햄릿, 로미오와 줄리엣, 헨리 8세, 베니스의 상인, 오셀로. 표지 일러스트레이션도 멋지고 중간중간에 흑백으로 된 고풍스러운 그림들이 있다. 그리고 큰고모님이 손으로 써넣으신 글자들이 빼곡하다.

때때로 나는 그 책들을 쓰다듬으며 다락방들을 탐험하던 어린 시절을 추억한다. 할머니와 그 크기만 했던 낡은 집을. 할머니가 모아두었던 그 상자 속에서 꺼내온 그 부서질 것 같은 낡은 책을 보며.

못생겨서
행복합니다

스타워즈 삼부작 중에 가장 좋아하는 것을 꼽으라면
누가 뭐래도 〈제국의 역습〉이다.
사실 〈제국의 역습〉에서는 잘 풀리는 일이 하나도 없다.
한 솔로는 냉동이 되고 루크 스카이워커는 손목이 잘린다.
그것도 원수인 줄 알았던 아버지 다스베이더에게.
충격이었다.
처음 그 영화를 보았을 땐 뭐 이런 영화가 다 있어? 하는,
좀 과장해서 말하면 세상이 뒤집히는 심정이었다.

그런데 이 영화는 우리나라 극장에서 개봉조차 하지 않았다. 새로 나온 대작 할리우드 영화라도 몇 년이 지난 후에야 극장에서 볼 수 있던 시절이었지만, 그중에서도 특히 〈제국의 역습〉은 1997년에 스타워즈 삼부작을 재개봉하기 전까지 아예 우리나라 극장에 걸린 일조차 없다. 대작이긴 했지만 삼부작을 연결하는 영화라 독립된 완결성이 부족했고, 할리우드 오락영화치곤 너무 암울했기에 흥행을 보장할 수도 없었으리라.

중학생 시절, 난 그 영화를 동네 불법비디오 가게에서 빌려 보았다. 화면이 엉망이었고, 자막도 형편없었다. 하지만 돌이켜보면 세 시리즈 중(나중에 나온 에피소드 1, 2, 3편은 제외하고) 〈제국의 역습〉이 가장 좋았다. 왜 좋았을까? 아마도 비극이었기 때문일 것이다. 그건 세 편 중 신화적이면서도 어쩌면 가장 어른스러운 이야기였다. 세상살이가 그렇게 아름답고 행복하고 만만하지는 않다는 것을 독특한 시각으로 보여주었기 때문이다.

아직 어렸던 내게는 충격적이었지만 그래서 오히려 허무맹랑해 보이지 않았다. 어린이에겐 밝고 해맑은 것만 권장되던 시절이었다. 그래서 더더욱 감추어진 진실의 일부를 대면한 느낌이었다. 그것은 더 이상 내게 즐거운 할리우드 공상과학 영화가 아니라 실제 세상을 상징으로 보여준 휴먼드라마였다. 나만 그렇게 여긴 것이 아니었다. 그래서 그것은 전 세계의 우리 세대들에게 거의 신화적인 영화가 되었다고 생각한다.

1977년, 스타워즈 시리즈의 첫 편이 개봉되었던 당시 나는 용산 근처 한강변에 있는 한 아파트에 살고 있었다. 미군 부대가 가까이 있어서인지 같은 아파트엔 외국인이 많이 살았고, 근처에 외국인을 위한 상점도 꽤 여럿 있었다. 그중 한 작은 쇼핑센터에 장난감 가게가 하나 있었는데 학교 앞 문방구에서는 볼 수 없는 굉장해 보이는 것들을 팔았다. 가면라이더 모터사이클, 육백만불의 사나이 피겨, 레고 시리즈 등등 상상할 수도 없었던 신기한 것들이었다. 그중엔 키너Kenner에서 나온 그 유명한 어른 중지 크기의 스타워즈 액션피겨도 있었다.

어느 날 장난감을 사달라고 조르는 나와 동생들에게 어머니는 몇 개의 스타워즈 피겨를 사주셨다. 스타워즈가 뭔지도 모르던 때였다. 그런데 전부 조연 피겨였다. 거기엔 루크도, 한 솔로도, 레아도, 다스베이더, 오비완 케노비도 끼어 있지 않았다. 분명히 광선 검을 들고 있는 그 피겨들이 거기에 있었다. 하지만 결국 우리가 고른 것들은 전부 조연 피겨였다. 그나마 나중에라도 이름을 알 수 있었던 것으로는 츄바카가 있었다. 그리고 C-3PO도.

그 외에는 전부 조연이었다. 너무 조연이라 이름도 잘 모르던 것들이다. 죽음의 별 보병, 망치머리 외계인, 바다코끼리 인간, 그리도 외계인, R_5-D_4, 파워드로이드. 사진으로 보여줘도 알까 말까한, 이런 게 정말 스타워즈에 나왔었어? 할 만한 그런 캐릭터들이다. 뭣 때문에 우리 형제들이 그런 무명의 피겨들을 골랐는지 지금으로선 알 수가 없다. 아마도 영화를 보기 전이라 누가 주인공이고 누가 조연인지 알지 못했기 때문인 것 같다. 이왕 고르려면 주연배우들이었으면 좋았으련만.

지금도 그중 몇 개를 가지고 있다. 스스로도 놀랍다. 삼십 년이 넘는 시간 동안, 이사를 몇 번이나 하는 동안에도 그것들은 아직 내 손안에 있다. 한때는 모두 잃어버린 줄 알았는데, 언제부턴가 하나 둘씩 모습을 드러내더니 이제는 거의 모두 모였다. 자기들끼리 금요일 밤에 단합대회라도 할 분위기다.

스타워즈의 첫 편이 개봉되기 전 조지 루카스는 스타워즈 관련 장난감을 만들기 위해 그것들을 제작할 회사를 물색했다고 한다. 그는 당시 미국의 거대 장난감 회사이던 피셔 프라이스 같은 회사들을 가장 먼저 접촉했었는데, 모두 퇴짜를 맞았다. 영화의 흥행이 어떻게 될지 모른다는 것이 가장 큰 이유였다. 대작 SF영화가 전무하던 시절이었으므로 어쩌면 당연했다.

영화의 개봉 시기는 점점 가까워오고 결국 급한 김에 낙점된 회사가 신생 장난감 회사인 키너였다. 영화가 개봉된 후 공급이 수요를 따라가지 못할 정도로 장난감 캐릭터 사업이 성공했음은 말할 필요도 없다. 그것은 영화만큼이나 신화적인 성공을 이루었다. 조지 루카스는 그 이후에 만든 인디아나 존스 시리즈의 피겨도 키너에 맡겼다. 그리고 아직도 그곳에서 스타워즈 관련 장난감들이 생산된다.

그렇다고는 해도 정말이지 당시 키너에서 만들어낸 스타워즈 피겨의 얼굴들을 보고 있노라면 실소가 절로 나온다. 너무나 안 닮았기 때문이다. 루크와 레아, 솔로의 얼굴은 거의 어린아이에 가깝다. 동글동글한 게 약간 모자라 보이기도 하고 전부 비슷비슷하게 생겼다. 그나마 특유의 복장과 헤어스타일로 누군지 겨우 짐작할 수 있을 정도다. 어쩌면 어린 시절의 우리는 보기에도 민망할 정도로 안 닮고 못생긴 그것들을 어쩔 수 없이 외면했는지도 모르겠다. 그에 비하면 로봇과 마스크를 착용한 캐릭터들은 지금의 시각으로도 꽤나 정교하다. 별다른 표정이 없어서겠지만 아무튼 영화 속의 모습과 닮긴 닮은 것이다.

얼굴 생김새야 어찌 되었든 삼십 년이 넘는 세월이 지난 지금, 녀석들의 모습을 보고 있노라면 애틋한 마음이 절로 생긴다. 이후에도 다스베이더의 광선 검, 그 광선 검과 똑같이 생긴 우산, R_2-D_2 모양의 쓰레기통, 각종 스타워즈 프라모델, 12인치 인형 등등을 모았다. 하지만 여전히 철도 들기 전에 가지고 놀던 못생기고 실물과 안 닮은 플라스틱 스타워즈 피겨들이 가장 좋다.

그것들을 보고 있노라면 사뭇 어린 시절의 향수가 느껴진다. 만약에 그것들이 더 정교하고 잘 만들어진 것들이었다면 과연 이런 기분이 들었을까.

레고와 나

아내는 레고를 나만큼이나 사랑했다. 우리 둘 다
어려서부터 그것에 대한 동경이 있었다. 하지만 이것도 옛말.
어른, 구체적으로 말하자면 '아줌마'로 변신한 아내는
이제 레고라면 질색을 한다. 만드는 잠깐 동안은 즐겁지만
다 만들면 둘 곳도 없고 처치 곤란이라는 게 가장 큰 이유다.
게다가 가격은 또 좀 비싼가. 최근엔 정말이지
너무 성의 없다 싶을 정도로 상자 안에 들어 있는
레고의 개수가 줄었다. 그냥 포장 상자만 커지고
가격만 엄청나게 오른 거 같다.

하지만 레고는 레고다. 어린 시절부터 가지고 있던 레고에 대한 로망. 그 시절엔 갖고 싶은 레고가 얼마나 많았던지! 이제는 레고를 내 돈 주고 맘껏 사 모을 수 있는 어른이 된 것에 감사할 정도다.

얼마 전, 아내를 한 달 가까이 졸라 레고에서 나온 스타워즈 〈죽음의 별〉 세트를 샀다. 아내에게 혼자 조른 게 아니었다. 딸아이와 함께였다. 공세는 집요했다. 그것만 있으면 부녀 사이가 더 좋아질 것이라는 둥, 레고는 어린이의 지능개발에 가장 좋은 장난감이라는 둥(거기에다 치매 예방에도 좋다고 하고), 어린 시절에 우리가 레고 많이 가진 아이들을 얼마나 부러워했었는지 기억하냐는 둥(어린 시절 나와 아내 둘 다 친척집에서 레고를 가지고 논 기억은 있지만 가진 적은 없었다), 별의별 이유를 들어가며 끈질기게 매달려 결국 그것을 주문했다. 빨리 사지 않으면 레고의 스타워즈 시리즈는 금방 품절될 것이고, 그러면 나중에 이베이에서 더 비싼 값으로 올라온 중고를 뒤지게 될 수도 있다고 은근히 위협까지 한 뒤였다.

삼십 년이라는 시간을 뛰어넘어 나와 딸아이가 같은 영화를 함께 좋아한다는 것, 기분이 묘한 일이다. 영화를 본 후 아이와 함께 등장인물에 대해 떠들고 있노라면, 내가 아이의 아버지라는 생각보다는 절친 혹은 사이좋은 오누이가 된 기분마저 든다. 영화 감상 후 함께 종이에 등장인물들을 그리기도 하고 주제곡을 흥얼거리며 스타워즈 레고를 가지고 놀기도 한다. 환상적이다. 부녀가 함께 스타워즈 마니아인 것이다.

아내를 회유하면서 떠들어댄 것은 정말 거짓이 아니었다. 실제로 레고를 잔뜩 펼쳐놓고 조립 설명서의 그림을 보며 내가 부품을 골라주면 딸아이가 조립을 한다. 단순하다면 단순한 그 작업이 시간 가는 줄 모를 정도로 재미가 있다. 확실히 대화도 더 많이 하게 된다. 처음에는 물론 스타워즈에 관한 이야기를 하지만 곧 학교생활이나 앞으로 하고 싶은 일, 친구들에 관한 이야기를 나누게 된다. 아내도 옆에서 같이 거든다.

나와 아내에게는 함께 그렇게 놀 수 있는 동생들이 있었다. 외동딸인 우리의 아이에겐 그럴 형제가 없다. 그래서 우리가 그 역할을 대신한다. 어른이 된 후, 아이는 아마도 스타워즈 레고를 떠올리며 어린 시절을 회상할 것이다. 셋이 함께 놀던 시간을 떠올릴 것이다. 나는 그게 얼마나 행복한 것인지를 경험으로 알고 있다. 비록 장난감일 뿐이지만 함께 공유하는 시간을 그것을 통해 얻을 수 있었으니 제 역할 이상으로 해냈다고 말할 수 있다.

일을 하다 보면 비슷한 또래의 다양한 직업을 가진 사람들을 만나게 된다. 그런데 같이 어울리다 보면 빠지지 않고 등장하는 화제가 있다. 우선 아이 교육에 관한 이야기다. 아이 때문에 학군 좋은 곳으로 이사한 이야기, 조기유학 이야기, 학원 이야기. 하지만 아이의 놀이에 관한 이야기는 거의 없다. 그다음으로 나오는 이야기는 대부분 돈에 관한 것이다. 부동산, 연봉, 주식, 재테크. 그런데 황당하게도 그 두 가지가 화제의 전부다.

동년배의 사람들과 그런 이야기만을 하며 두어 시간 함께 앉아 있다 보면 정말이지 나는 괴롭다. 물론 나와 아내도 그런 고민을 안 하지 않는다. 프리랜서라는 직업은 멈추면 넘어지는 자전거 같아서 끊임없이 일과 생활에 대해 걱정하며 살 수밖에 없다.

아이의 교육에 관해서도 마찬가지다. 우리도 아이가 공부도 잘하고 나중에 자신이 하고 싶은 일을 하며 잘 살았으면 좋겠다. 하지만 그뿐이다. 하루 종일 아이에게 매달려 시간을 보내고 싶진 않다. 우리는 아이를 위한 최소한의 환경만 만들어줄 수 있을 뿐이다. 그래서 오직 그 두 가지 이야기만 하는 사람들을 만나면, 조금은 위축된다. 그런 사람들에게 "저는 어제 딸아이와 스타워즈 레고를 가지고 놀았어요." 이런 말을 했다가는 한심한 놈 취급을 받을지도 모른다. 하지만 그래도 난 지금이 좋다.

딸아이와 친구처럼 놀 수 있게 해준 조지 루카스에게 고맙다. 스타워즈 레고를 만든 사람에게도 감사하단 말을 전하고 싶다. 아, 물론 그걸 사도 좋다고 허락해준 아내에게 가장 고마운 것은 이루 말할 수조차 없다.

P.S.
내 레고 생활의 유일한 적(?)은 만화가 현태준 형이다. 내가 사서 조립한, 아끼는 레고 세트를 그가 두 개나 챙겨갔다. 태준이 형의 기술은 꽤 단순하다. 함께 술을 마시다 취하면 우리 집에 가서 더 마시자고 말한다. 그리고 내가 술기운이 올라 기분이 매우 좋을 때 찍어둔 물건을 달라고 하는 거다. 그럼 나는 영락없이 넘어가고야 마는 것이다. 실은 레고뿐 아니라 다른 수집품도 몇 개나 가져갔다. 술이 깬 후엔 후회뿐이다. 하지만 그렇다고 그를 탓할 일만도 아니라고 생각한 후로는, 난 술을 마신 후 형 집에 들이지 않고 있다. 그동안 그 이유를 몰랐을 불쌍하고 눈치 없는 태준이 형. 미안해. 하지만 그래도 술 마시면 계속 출입금지야.

만화, 영화
그리고
비디오테이프

대학에 다니던 시절, 나와 서클 친구들은 VHS 공테이프로 좋아하는 영화를 경쟁적으로 모으곤 했다. 미야자키 하야오의 애니메이션은 물론이고 데이비드 린치의 영화를 그렇게 모았다. 1990년대 초엔 개봉관에서 그런 영화를 만날 수가 없었다. 철 지난 할리우드 영화와 홍콩 영화가 전부던 시절이었으니까. 만화 서클이니 처음엔 애니메이션 위주로 모으며 경쟁했는데 학년이 올라가고 영상 수업이 생긴 후로는 각자 좋아하는 취향의 영화를 어렵게 구해 VHS로 카피하며 경쟁을 했다.

녹화한 VHS테이프엔 정성스럽게 레터링을 박아 넣거나 로고와 사진을 넣어 붙였다. 누가 더 멋지게 테이프의 등을 디자인해서 테이프가 꽂인 장을 화려하게 꾸미는지 시합이라도 하는 것 같았다. 음질과 화질을 비교조차 할 수 없는 DVD가 나오리라곤 상상도 할 수 없던 시절이었고, 미술대학에 다니고 있음에도 저작권에 대한 개념이 거의 없던 시절의 전설 같은 추억이다.

  이젠 DVD보다도 더 뛰어난 성능을 자랑하는 블루레이라는 게 나왔지만, 난 아직 DVD를 모으고 있다. 실은 특별히 모으는 건 아니고 그냥 집에서 편하게 몇 번 더 영화를 보려고 DVD를 소비하는 것에 가깝다. 그런데 어느새 작은방의 벽 한쪽을 DVD로 가득 채우게 되었다. 나 자신이 저작권으로 먹고살게 된 후로는 불법적으로 영화를 본 적이 없기에 그 양은 사실 엄청나다. 주변에선 차라리 영화채널을 볼 수 있는 케이블을 설치하라고 권하기도 한다. 어쩌면 그게 여러 가지 면에서 더 나을지도 모른다. 그럼에도 불구하고 아직도 계속 DVD를 사 모으는 나는, 어쩌면 그 옛날 VHS테이프를 모으던 시절의 추억을 못 잊어서는 아닐까.

액션피겨
모으기

장난감에도 여러 종류가 있다. 그중에서도 흔히 액션피겨라
불리는 것은 나름 역사가 길다. 내가 접해본 것 중 가장
오래된 것으로는 스타워즈의 미니 액션피겨를 들 수 있다.
물론 사이즈가 6인치 남짓이고 '액션'이라는 단어가
민망할 정도의 단순동작만 가능한 정도였지만.
12인치 크기의 액션피겨를 본 것은 초등학교 때 동생이
크리스마스 선물로 받은 게 처음이다. 당시 인기 텔레비전
시리즈였던 〈육백만불의 사나이〉의 주인공
스티브 오스틴 대령 피겨였다.

지금 생각해봐도 꽤 정교하게 인상이 묘사되어 있어 징그러울 정도였는데, 더 놀라운 것은 얼굴의 껍데기(?)를 교체하면 악당 피겨로 전환할 수 있다는 점이다. 아이디어가 참신하긴 하지만 좀 엽기적인 장난감이랄까.

그리고 많은 시간이 흘렀다. 십여 년 전부터 12인치 크기의 액션 피겨가 또다시 유행하기 시작했는데, 도쿄의 신주쿠에 있는 한 장난감 가게에 들어갔다가 충격을 받았다. 도쿄에 유학 중인 선배가 데리고 간 그 장난감 가게엔, 일본 애니메이션에 나오는 온갖 주인공들의 12인치 피겨들이 한가득이었다. 일본의 장난감 회사인 '메디콤 토이'에서 나온 피겨가 대부분이었다. 은하철도 999의 메텔, 우주 탐정 코브라, 독수리 오형제, 마징가제트, 그레이트 마징가, 사이보그 009 등등, 누구나 이름만 들어도 알 만한 만화 캐릭터들을 모두 모아놓은 것 같았다. 그곳에서 어린아이처럼 한 시간이 넘도록 발이 안 떨어져 고생한 기억이 있다.

하지만 그건 시작에 불과했다. 곧바로 그런 12인치 크기의 액션 피겨들이 전 세계에서 대유행을 하며 쏟아져 나오기 시작했다. 그중에는 장난감이라기보다는 예술작품에 가까운 것들도 있었다. 가격은 십만 원을 훌쩍 넘는 것이 대부분이었고, 한정 생산된 고급 제품으로는 백만 원이 넘는 것도 있었다. 그 후 일본의 애니메이션, 할리우드 영화의 주인공들을 묘사한 그 장난감 아닌 장난감들은 나 같은 어른아이들에게 열망의 대상이 되었다.

액션피겨를 모은다고는 하지만 사실 내가 모은 것들은 보잘것없다. 완성도 높은 값나가는 물건은 거의 없지만 그래도 내겐 귀한 것들이다. 자신만의 안목으로 모으지 않는다면 아무리 좋은 것도 다 무슨 소용일까 싶다. 그리고 어린아이들이 상상력만으로 장난감을 가지고 놀 수 있는 것처럼, 어른들이 장난감을 수집할 때도 상상력이 필요하다. 흔히 어린이들의 정서함양을 위해 장난감이 좋다고 말한다. 그러니 어른들의 정서에도 장난감이 안 좋을 리가 없다. 모든 어른들은 한때 어린아이였으니까.

언제나 우린 얼굴을 찾는다.
화장실에 앉아 수도꼭지를 바라보며 눈, 코, 입을 찾는다.
침실에 누워 천장의 얼룩을 보면서도
눈, 코, 입을 찾고 있다. 어쩌면 우린 얼굴 중독이다.
전혀 얼굴이 아닌 것들을 바라보며
인간의 얼굴 모습을 찾고 있는 것이다.
여기 내가 수집한 얼굴들이 있다.
붓으로 대강 눈, 코, 입을 찍어 그린 것부터
거의 실제의 모습에 가깝게 묘사한 것도 있고
세상엔 존재할 수 없는 얼굴도 있으며
내가 아는 누군가의 얼굴을 떠올리게 만드는
그런 얼굴도 있다.
내가 수집한 아주 작은 얼굴들을 들여다보며
나는 상상한다. 세상엔 얼마나 많은 얼굴들이 있는지,
세상엔 얼마나 많은 꿈이 있는지.

배트맨과 로빈. 이 두 '벤더블 bendable' 액션피겨는
단어 그대로 구부릴 수 있는 장난감이다.
고무 안에 철사가 들어 있어 동작을 만들어두면
어느 정도 그 동작을 하고 서 있다.

1960년대 텔레비전 시리즈의 모습이지만
우스꽝스러운 코스튬을 입고
정의감에 불타는 근엄한 표정을 짓고 있는 걸 보면
절로 미소가 떠오른다.

미래소년 코난에 등장하는 이 머신을 탄 선장님은 빈티지 모델 키트를 구해 내가 직접 조립하고 채색한 피겨다. 빈티지 피겨의 느낌을 주기 위해 일부러 삐뚤빼뚤 채색했다. 믿거나 말거나.

팀 버튼의 영화 배트맨 리턴즈가 개봉했을 때
맥도날드 해피밀로 나누어주었던
배트맨 피겨 시리즈 중 펭귄맨.

스테인리스 다스베이더 반지.
손가락 두께에 맞게 링을 조절할 수 있다.
이유는 모르겠지만 세트로 R$_2$-D$_2$와 3PO도 있다.
저런 걸로 결혼반지를 하면 어떨까?
음, 역시 너무 오덕스럽겠지?

1977년 스타워즈 첫 개봉 때
키너에서 만든 다스베이터 피겨.
목에 걸려 있는 카메라는
딸애의 플레이모빌 시리즈에서 빌려온 거.

내가 제일 좋아하는 피겨 중 하나인
제임스 본드 피겨.
무라카미 하루키를 닮아서 웃기다.
연도 미상, 홍콩산.

제임스 본드 흰색 턱시도 버전. 눈 찢어진 하루키.

어린 시절 엄청나게 좋아했던 사이보그 009 피겨. 저 머리를 따라하기 위해 앞머리를 기르고 물을 발라 한쪽 눈을 가리고 다녔다는 전설이…… 아, 이거 메이드 인 코리아다.

현태준 형의 억울한 피겨 시리즈에 영감을 준 아톰 피겨. 사람들은 얼굴 그림을 그리거나 얼굴의 모습을 만들 때 자기 얼굴 비슷하게 그리는 경향이 있다. 아마도 얼굴 그린 이의 표정이 저럴 것만 같다. 역시 메이드 인 코리아.

이 엉터리 같은 원숭이 장난감은 사실
바닥에 자전거 설치 키트가 붙어 있었다.

자전거에 멋지게 매달고 달리는 모습을 상상하며 샀는데
손잡이 두께에 안 맞아 포기했다. 보는 각도에 따라 눈의 모습이 바뀐다.
아무리 봐도 역시 귀여워!

심슨스 The simpsons 의 원작자 맷 그레이닝의 또다른 텔레비전 시리즈 퓨처라마의 주인공 로봇 벤더. 강철로 만든 피겨.

영국의 일러스트레이터 제임스 자비스의 좀비 피겨 시리즈중 하나.

빈티지 물건을 판매하는 어느 사이트에서 장난감을 구입했는데
무슨 일인지 함께 선물로 받은 장난감. 배보다 배꼽이 커서 신기했다는.

1960년대 초에 나온 스누피 미니카.
저 웃는 옆모습, 정말 행복해 보이지 않는가?

살짝 엽기 피겨라고 해야 하나?
보시는 바와 같이 에드거 앨런 포의 피겨다.
얼굴은 방금 검은 고양이 꼬리 고기라도 먹은 표정이고
어깨 위엔 까마귀가 앉아 있다. 이런 걸 누가 살까 싶지만
나 같은 인간이 산다. 시리즈로 알베르트 아인슈타인,
셜록 홈즈, 후디니, 예수님 피겨도 판매하더라.

그 유명한 혹성탈출 피겨. 그러니까 정확하게는 시리즈 3편의 피겨다. 우주선을 타고 아직 인간이 지배하고 있던 시절의 지구로 돌아간 코넬리우스의 모습. 우주복 헬멧을 벗었을 때의 충격적인 모습을 재현했다.

가가멜 피겨.
스머프를 보며 언제나 궁금했던 건
스머프의 맛은 과연 어떨까 하는 거였다.
가가멜이 언제나 스머프를
그토록 먹고 싶어 했기 때문이다.
파란색은 원래 식욕을 억제하는 색이라던데
왜 그랬을까? 남자에게 참 좋다더라
이런 소문이라도 돌았던 걸까?

초등학교 6학년
때부터
가지고 있던
머펫쇼의
미스 피기 피겨.
나는 당시
머펫쇼 광신자였다.

돼지와 푸줏간 주인 피겨 중 하나.
반창고 붙인 돼지, 멍든 돼지,
낙서투성이 돼지,
살 떨어진 돼지 등이 있다.

지금은 사라진 도쿄 시부야의 우주학카에서 산 치어리더 피겨. 누군가가 손수 만든 걸 맡아서 파는 것이었는데, 안타깝게도 작가의 이름을 알 수가 없다. 특히 눈이 맘에 든다.

신혼여행 때 암스테르담의
한 장난감 가게에서 산 고무인형.
놀랍게도 올해 십오 년 만에
암스테르담에 들렀는데
아직도 저걸 팔고 있었다.

이것도 안에
철사가 들어 있어서
동작 설정이 가능하다.
사악한 파충류의
개성이 특징.

핑크색 태엽 토끼 장난감.
태엽을 감으면
뒤뚱거리며 걷는다.
이렇게 얼굴을
크게 확대해 찍으니
제프 쿤스의 작품 같기도.
아니 사실은 제프 쿤스가
이런 이미지를
차용한 것이지만.

오즈의 마법사 도로시 피겨.
마녀도 있는데 다른 캐릭터들은
보이지 않는다. 어디서 구했는지
도무지 기억이 나지 않음.

핀란드 국민 작가인
토베 얀손의 무민 시리즈에
나오는 마이 피겨.
아내가 가장 좋아하는 장난감이다.
치켜 올린 눈썹과 자부심 가득한 미소가
그림책 속의 마이 모습과 똑같다.

몇 년 전 도쿄에서 아내가 사다 준
빈티지 원숭이 인형.
그런데 얼굴을 보고 있노라면
과연 원숭이가 맞는지 모르겠다.
게다가 털이 빨간색. 이걸 보자마자
내가 떠올라서 샀다는데 아내는 도대체
날 평소에 어떤 인간으로 보는 걸까?
빨간 원숭이 인간?
태엽을 감으면 미친듯이 탬버린을
치는 것도 맘에 안 든다.

불도그 열쇠고리 피겨.

파란토끼 목각인형.
채색이 안 되어 있는 것과
한 세트로 되어 있어서
구입해 채색할 수 있다.
도쿄의 도큐핸즈에서 샀다.

이 고무 곰은
하이델베르크의
중고 가게에서.

하와이 훌라댄스 여인 인형. 귀여우면서 섹시하다.

원더우먼 피겨. 초딩 시절 일요일 오후가 되면

원더우먼과 소머즈 중 무엇을 볼지 동생들이랑 설전을 벌이던 게 기억난다.

반침대에 발랄하게 해브 어 나이스 데이라고 적혀 있다.

런던 노팅힐의 가판대에서 산
피리 부는 병정 피겨.
한가득 있었는데 페인트가 벗겨진 것이 많아
상태가 비교적 나은 것으로
한참 골라야 했다.

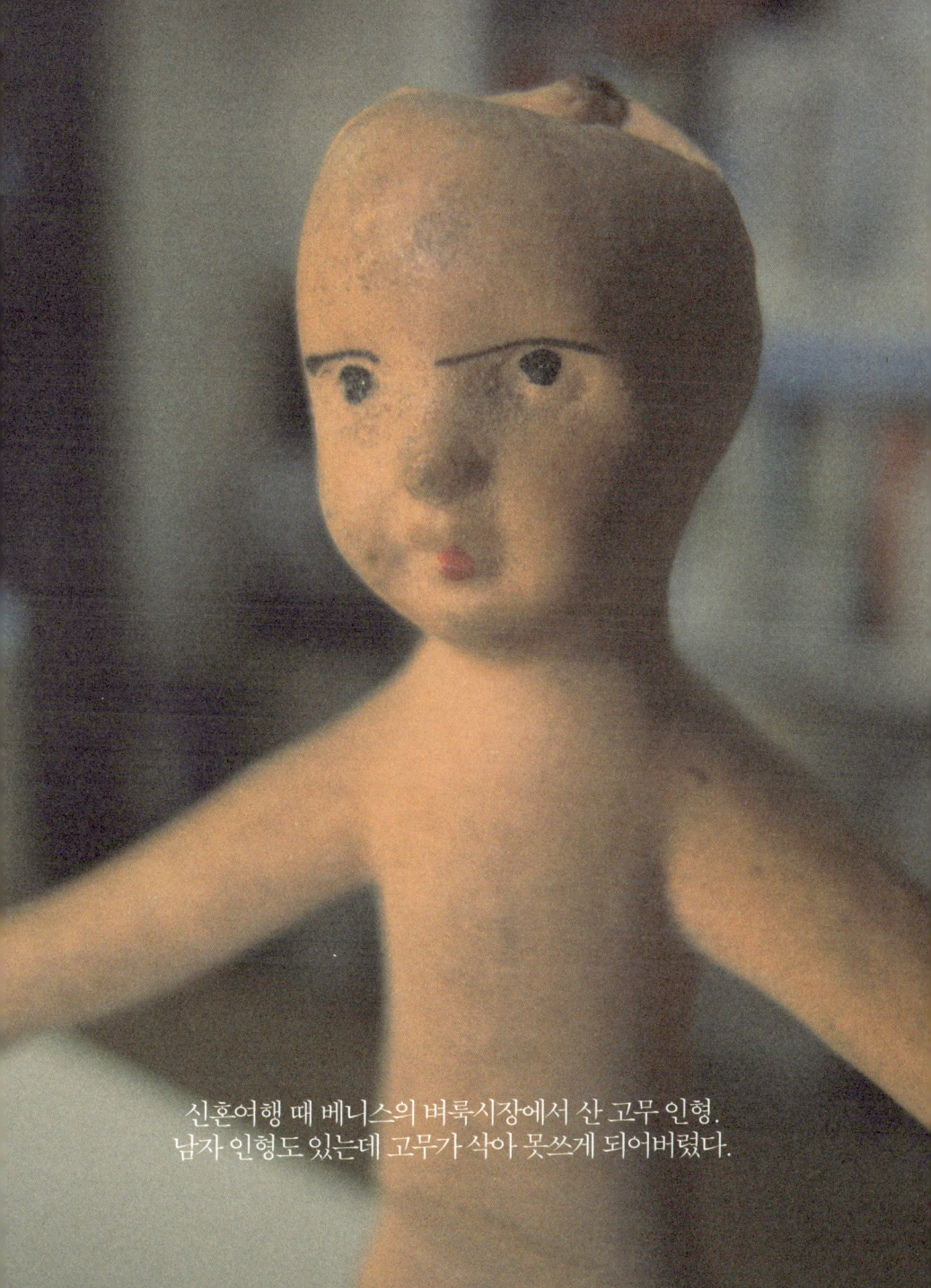

신혼여행 때 베니스의 벼룩시장에서 산 고무 인형.
남자 인형도 있는데 고무가 삭아 못쓰게 되어버렸다.

도쿄의 하라주쿠에서 산 힌두교 코끼리신 손가락 인형.

역시 하라주쿠에서 산 소수민족 인형.

예의 손 인사를 건네는
스타트랙 주인공 스팍.

마이클 잭슨 빌리진 피겨. 가면을 씌우면 좀비로 변신한다.

자매품으로 늑대인간 변신 버전도 있다.

케너 사에서 나온 스타워즈 피겨
시리즈 중 내가 가장 좋아하는 피겨.
제국의 역습에서처럼
루크 스카이워커가
요다를 업고 있다.
구하기 정말 어려운 피겨.

스타워즈의 엑스윙 조종사 피겨.
고무로 만든 연필 고무깎지다.
상태가 무척 조악하고 만듦새가 형편없다.
정확히는 알 수 없으나
해적판 피겨일 가능성이 크다.
하지만 저 얼굴을 보라. 너무나 인간적이다.
우리 동네 복덕방 아저씨 같은 저 얼굴!

스타워즈 시리즈 중 츄이.

스타워즈 피겨 중 샌드맨.

언제 봐도 아름다운 레아 공주 피겨. 문제는 실물보다 더 아름답다는 것뿐.

그 유명한 제다이의 스승, 요다 고무 피겨.
30센티미터 정도의 크기로 제법 크다.
지금은 내 방 문 위에서 나를 지켜주고 있다.

1977년 키너에서 만든 C-3PO 피겨. 내가 처음으로 샀던 스타워즈 피겨다.
왜 루크나 솔로, 혹은 다스베이더가 아니었냐 하면, 당시 영화를 보기 전이었기 때문이다.
어린 마음에 그냥 번쩍거리는 로봇으로 골랐던 것.

스타워즈 피겨 시리즈가 대박을 내자 조지 루카스는 후속 작품인 인디아나 존스도 같은 스케일과 콘셉트로 피겨를 제작했다. 그중 나치 캐릭터 피겨.(위) 인디아나 존스 피겨. 해리슨 포드랑 하나도 안 닮았지만 그래도 멋져!(아래)

발리의 우붓 길거리에서 산
험프티 덤프티 목각인형.
이상한 나라의 앨리스에서처럼
장식장에 앉아 날 내려다보고 있었다.
팔은 없고 무릎 관절이 있는 다리만
달랑 달려 있다.

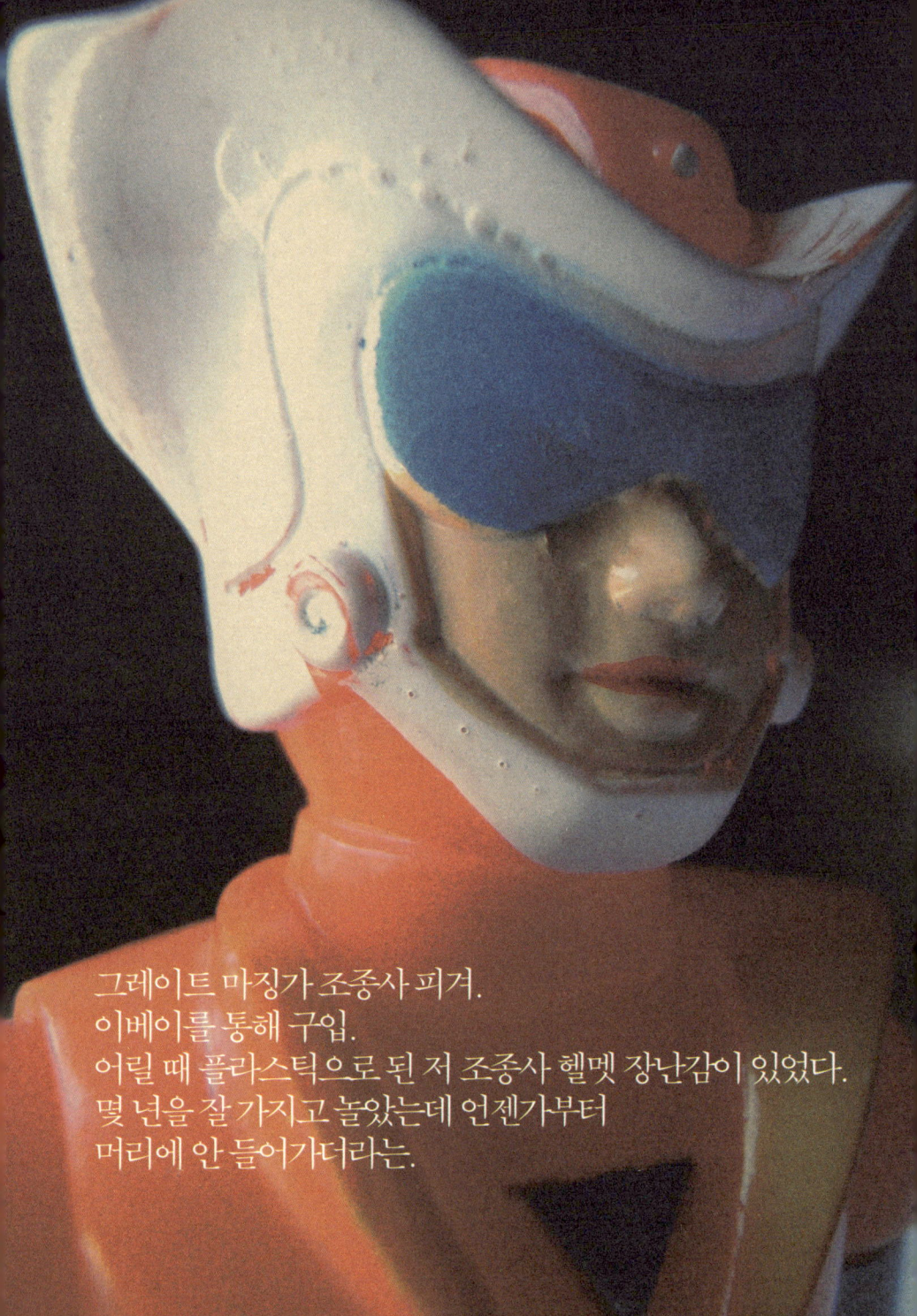

그레이트 마징가 조종사 피겨.
이베이를 통해 구입.
어릴 때 플라스틱으로 된 저 조종사 헬멧 장난감이 있었다.
몇 년을 잘 가지고 놀았는데 언젠가부터
머리에 안 들어가더라는.

마징가제트 짝퉁 피겨.
닮은 것 같으면서 전혀 안 닮은 짝퉁 마징가다.
오리지널과의 가장 큰 차이는 가슴의 마크.
진짜와는 달리 가슴에 크게 알파벳 Z가 있다.

부장 태엽 장난감. 약 십 년 전에 일본에서 유행했던 장난감 시리즈다.
눈치 보고 능력 없는 소시민적인 모습을 살려서 인기를 끌었다.
태엽을 감으면 우산을 골프채처럼 휘두른다.

소심한 소년 피겨. 내용물을 알 수 없게 상자가 봉해진 채
출시되는 시크릿 토이 피겨. 이런 장난감은 아무리 신중하게 골라도
언제나 가장 원하지 않는 내용물이 나오게 마련이다.
아, 내 말을 듣고 삐친 듯한 저 얼굴 표정!

신혼여행 때 암스테르담에서 산 미키와 미니 도자기 인형.
얼굴만 저렇게 채색되어 있고 몸통은 하얀데
그게 지금도 그렇게 맘에 들 수가 없다.

하이델베르크의
중고 가게에서 산 고무 인형.
그 가게는 멋진 빈티지를
파는 가게가 아니라
중고 생활용품을 파는
가게였는데,
아이들이 싫증나 버린
코 묻은 싸구려 장난감이
상자마다 한가득 있었다.

양철토끼 태엽 장난감.
제작 방식이 완전 수작업이라
한때는 빈티지 양철토끼를
구하기가 힘들었는데
요즘은 중국산으로
많이 생산되고 있다.

1990년대를 풍미했던 MTV의 유명 애니메이션 시리즈 비비스 앤드 버트헤드 피겨.

어느 날 정리를 하다
문득 깨달았다.
여기저기서 구입한
아기 인형을 모아보니
한가득이었다.
거실 장식장 위에
죽 늘어놓았더니
크기와 모양이 다른
아기가 스무 개가 넘더라는.

멕시코에선 해골 공예품을 어디서나 볼 수 있었다.
충격적인 죽음이 노골적으로 일상화된 곳이라 그런 걸까?

빈티지 플라스틱
결혼식 케이크 장식.
결혼 십 년차 정도 된
모습처럼 다소 어색하다.
아니면 재혼이라도
하는 걸까?

하라주쿠에서 산 미녀 인형.
모기장 같은 입으나 마나 한
재질의 옷을 걸치고 있다.

오사카에서 과자 사 먹고
난 후 나온 장난감.

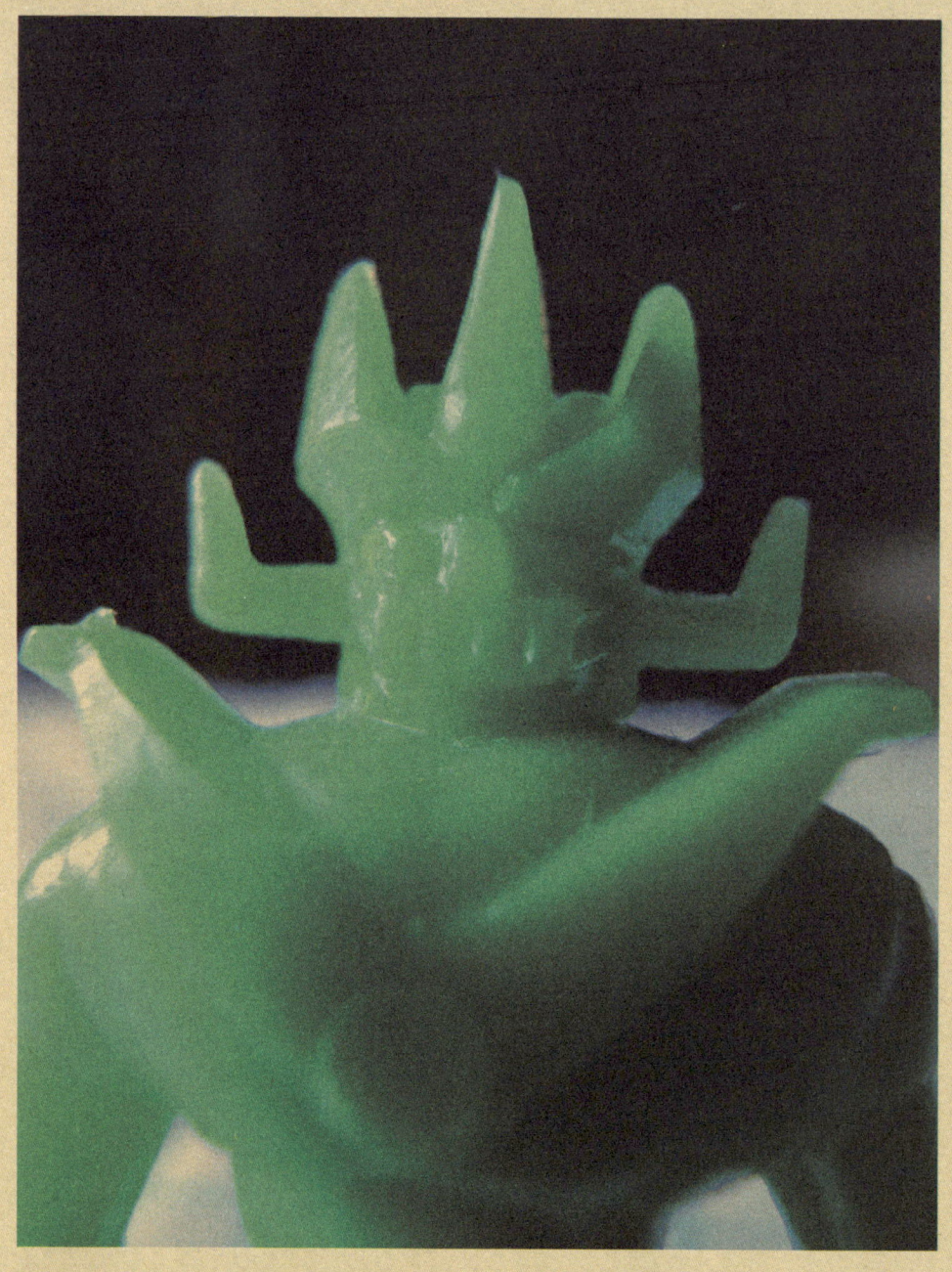

1970년대의 향수를 자극하는 싸구려 그레이트 마징가 피겨.

그레이트 마징가에 나오는 로봇 비너스 피겨. 작고 볼품없어서 왠지 더 정이 가는 빈티지 피겨.

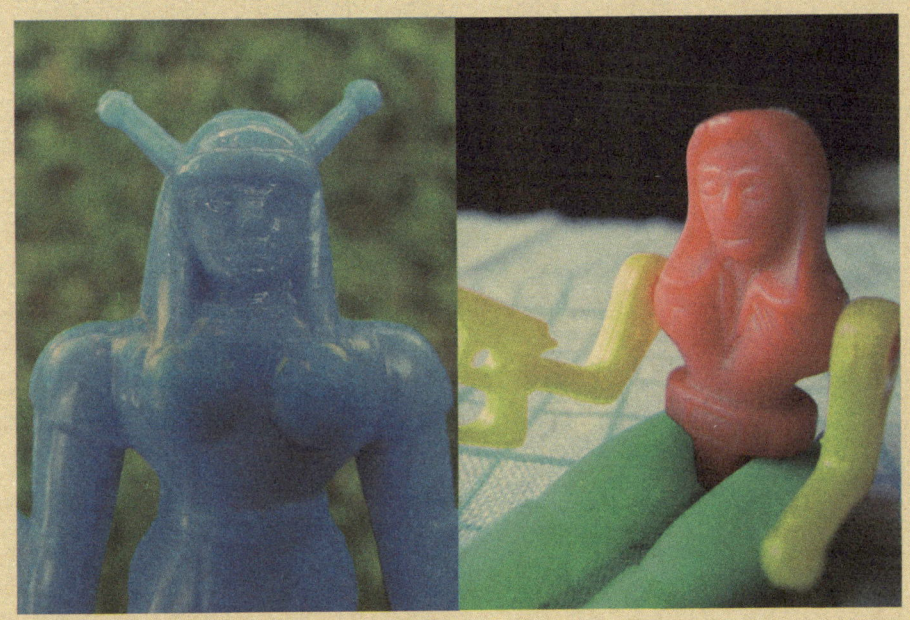

국적과 정체를 알 수 없는 장난감 피겨. 어릴 적엔 문방구에서 심심치 않게 볼 수 있었던 싸구려 장난감이다. 4절 크기의 마분지에 줄줄이 달려 있었는데, 스테이플러로 박은 비닐 안에 들어 있어서 하나씩 뜯어서 팔곤 했다.

종이쪼가리

종이쪼가리 하나도 함부로 버리지 않는 사람.
그런 사람들이 예전엔 꽤 많았다. 나의 할머니만 해도
신문에 끼어 들어오는 광고지를 모두 모아 묶어두셨다가,
우리 형제가 댁에 놀러갈 때면 여기에 그림을 그려라
하시며 내놓고는 하셨다. 나는 항상 그게 불만이었다.
우리가 가난해서 스케치북이나 하다못해 시험지 같은
갱지 살 돈이 없는 것도 아닌데, 왜 한쪽 면에 광고가
인쇄된 종이에 그림을 그리라는 것인지 어린 마음에
이해가 되지 않았던 것이다.

당시엔 인쇄 기술도 안 좋고 종이도 품질이 낮아 뒷면까지 인쇄잉크가 배어나오기 일쑤였다. 쓸 만한 종이에 뭔가 멋진 것을 그리고 싶은데 그런 대작을 고작 지저분해 보이는 광고지 뒷면에다 그리고 싶지는 않았다. 내가 "할머니 이 종이 뒤가 지저분해요"라고 말하면 할머니는 어디 다른 걸로 골라보라며 몇 박스고 광고지 모은 것을 더 꺼내주셨다.

생각해보면 긴 세월 동안 가난한 나라의 국민으로 살 수밖에 없었던 어르신들로선 그것은 너무나 당연한 행동이었다. 그분들은 쓰다가 완전히 망가진 물건도 결코 내다버리는 일이 없었고, 혹 필요 없어진 물건이라도 언젠가 다시 쓸모가 있을지 모른다는 생각에 다락 구석에 고이 모셔두곤 했다. 그래서 많은 집 다락엔 뭐가 들어 있는지 알 수 없는 상자가 한가득 있곤 했다.

물론 내가 종이쪼가리 따위를 모으는 건 과거 가난했던 시절의 기억 때문은 아니다. 조상들이 어떤 일들을 겪으며 생존하셨는지 귀가 닳도록 들으며 자랐건만, 내게 남은 것은 풍요로움과 낭비뿐이다. 그나마 우리 세대는 나은 편이다. 내 자식뻘 되는 이들은 그런 기억마저도 없어서 꼭 '미국인들'처럼 쓰고 버린다. 하지만 그렇다고 누구를 탓하겠는가. 세상은 변하게 마련인 것이다.

내가 모으는 종이쪼가리는 다양하다. 영화 팸플릿, 홍보용 엽서, 티켓, 책 띠지, 각종 스티커, 옷에 붙어 있던 태그, 명함, 예쁜 포장지, 낙서된 포스트잇 등등. 종류는 다양하나 각각 나름대로 가치가

있다 생각되는 것들을 모은다는 게 포인트라면 포인트. 나에게는 그것이 그저 종이쪼가리일 뿐은 아니라는 이야기다.

과연 종이쪼가리 주제에 뛰어난 가치를 자랑하는 것들은 뭐가 있을까? 상당히 개인적이면서 모호한 것이기에 말로 설명하기는 꽤 어렵다. 직접 보여주며 설명한다 해도 역시 타인의 공감을 사기 어려운 것들이 대부분이다. 그래서 곰곰이 생각하다가 가장 그럴듯한 설명 방법이 떠올랐다.

자신의 방을 정리정돈한다고 생각해보자. 불필요한 것은 모두 버리겠다고 단단히 작정한다. 웬만한 잡지, 다 읽어서 필요 없어진 책들도 솎아내는 규모다. 평소에 버리지 못한 것들도 겁 없이 쓰레기통에 던진다. 왠지 버릴 수 없었던 것들도 막 버린다. 그러던 중 문득 갈등하게 만드는 것을 발견한다. 그 수많은 종이쪼가리 중 하나다. 하지만 왠지 버릴 수가 없다. 약간 추억이 깃든 것일 수도 있고, 다시 들여다보고픈 그림이 그려진 것일 수도 있다. 하여튼 버리긴 뭔가 애매하다. 서랍을 열고 대충 넣어둔다. 결코 버리지는 않는다. 특별히 소중하게 챙겨 가지고 있는 것은 아니지만.

나는 바로 그런 종이쪼가리를 모은다.

혹시 당신도 종이쪼가리 따위를 모으고 있지는 않은지?

냄비
모으는
여인

수집벽이 있는 보통의 남자들이 모으는 물건이라는 것이
대개 엇비슷하게 마련이다. 책이나 여러 종류의 플라스틱 모형,
카메라, 공구 등등. 특히 내 주변에 있는 남자들은
그런 걸 모은다. 상상할 수 있는 테두리 안에서 빤하게
수집하는 것이다. 그런데 얼마 전 아내와 얘기하다가
여자들 중에는 (남자 입장에선 정말 상상도 할 수 없는) 특이한 걸
모으는 사람도 있다는 걸 알게 되었다.
냄비.

그러니까 프라이팬이나 솥, 그릇 같은 다른 부엌살림은 해당사항이 없다. 아내의 친구인 그녀는 오직 우리가 '냄비'라고 부르는 바로 그것만을 모은다는 것이었다. 처음엔 약간 어리둥절했다. 하지만 조금 생각해보니 충분히 공감할 수 있는 취미였다. 그녀의 냄비 수집은, 남자들과 비교하자면 공구를 사 모으는 것과 비슷하다.

남자들이 성능 좋고 멋진 공구를 사들인다고 항상 뭘 만든다거나 수리하지는 않는다. 그 친구도 마찬가지였다. 요리가 좋아서 다양한 조리도구들을 갖춰놓기 시작했지만 결국엔 냄비 모으는 취미만 달랑 남게 된 것이다. 사실 우리 모두가 요리사가 될 순 없으니 어쩌면 당연한 일인지도 모른다(공구 모으는 모든 남자가 수리공이 될 수 없는 것처럼). 이제 그녀는 요리는 제쳐두고 냄비만을 수집하고 있으며, 집에 냄비만 모셔두는 진열장이 따로 있다고 한다.

아내 말로는 그녀의 냄비 컬렉션은 값비싼 냄비나 유명 브랜드의 최신 냄비는 아니고, 어떤 특별한 에디션들을 수집하며 개중엔 엄청 못생기고 찌그러진 사연 있는 냄비들도 있다고 한다. 진정한 수집가의 경지에 이른 태도라 할 만하다, 라고 고개를 끄덕였더니 아내가 가자미눈을 하고 째려본다.

하지만 역시나 다른 모든 수집품들과 마찬가지로 '수많은' 냄비는 평범한 삶엔 그다지 쓸모가 없다. 집에서 동시에 몇십 명분의 라면을 끓일 일도 사실상 드물고 말이다. 내 얕은 생각엔 수집한 냄비를 아무리 들여다봐도 그다지 굉장한 기분이 들 것 같지도 않다.

음…… 아, 미안하다. 이건 정말 얕은 생각인 거 같다. 그러니까 적어도 내가 꺼낼 말은 아닌 것 같다는 얘기다.

그게 뭐든 수집하는 행위 자체를 도무지 이해할 수 없어 하는 아내는 나와 그 친구의 심리를 분석했다. 그리고 마침내 두 사람 모두 결국 스트레스 때문에 수집에 매달린다는 공통점을 이끌어냈다. 그 친구는 원래 결혼 전에 엄청 워커홀릭이었는데, 결혼하고 아기를 키우느라 스트레스를 받아 그렇게 냄비를 수집하는 가련한 여인이 되었다는 것이다. 그럼 나는? 하고 묻자 아내는 말했다. 마감이 몰릴수록 택배가 많이 온다나. 그렇다면 우리의 수집이란 건 결국 스트레스 해소용이었단 말인가?

스스로 생각해보니 스트레스가 전혀 안 끼어들었다고는 말할 수 없을 것 같다. 그래도 그런 하찮은 이유 때문에 뭔가를 계속 열정적으로 모으는 건 어쩐지 아이러니하다. 아내는 그런 식으로 스트레스를 풀 바엔 좀 돈이 덜 드는 방향으로 수집하는 것은 어떻겠냐고 충고했다. 문득 어느 외국 잡지에서 본 사진들이 떠올랐다. 수집을 취미로 가진 사람들을 인터뷰한 내용이었다. 어떤 사람은 깨진 도자기 조각을 모으는 게 취미였다. 또다른 사람은 종류에 상관없이 녹색 계통의 물건들만 모았다. 싸구려 열쇠고리만 모으는 사람도 있었다. 그럼 나도 이제부터 좀 특이한 걸 모으는 취미를 붙여볼까? 내 질문에 아내는 한 단계 더 나아간 답을 내놨다.

"그냥 앞으로 아무것도 안 모으면 안 될까? 이미 충분히 모았다고!"

책상
위의
벼룩시장

집에 손님이라도 오게 되면 그들로부터 가장 많이 듣는 질문이 있다. "당신이 모은 이 괴상한 수집품들은 모두 어디서 구한 것이냐" 하는 거.
십 년 전만 해도 책이나 장난감 등은 전문으로 그 물건을 취급하는 가게에서 사는 것이 당연했다. 하지만 이젠 사정이 달라졌다. 특별히 여행지에서 운 좋게 구입하는 것을 제외하고는 거의 모든 것을 온라인, 인터넷으로 사들인다.

여행을 하다 꿈속에서나 나올 법한 가게를 발견하는 것은 여행의 가장 큰 묘미 중 하나였다. 가게가 있던 골목길의 인상, 빈티지 풍의 인테리어, 어여쁜 가게 주인. 그런 가게에서 구입한 물건을 집에 돌아와 들여다보면 행복한 여행의 추억에 빠져들게 된다.

그것들은 여행지에서 찍은 사진보다 더 큰 추억의 실마리가 된다. 누군가와 함께였다면 더 좋다. 함께 구입한 그 물건을 통해 두고두고 서로를 기억하며 기대어 공감대를 형성할 수 있기 때문이다. 하지만 인터넷으로 구한 물건들은 그런 게 없다. 어느 날 갑자기 물건이 생겼다는 것. 그것뿐이다. 특정한 장소나 물건을 판 사람이 없는 것과 같다. 사실 존재하지만, 추상적이다. 달랑 물건만 존재하는 것처럼 느껴지므로 물건을 구입한 과정에 얽힌 '스토리'가 없다.

하지만 그 물건이 새것이 아니라 예전에 소유한 적이 있던, 자신만의 추억을 안고 있는 것이라면 조금 이야기가 달라진다. 비록 그 물건은 하늘에서 뚝 떨어진 것처럼 보이지만, 물건 자체에는 이미 자신만의 이야기가 있기 때문이다. 설명하자면 이렇다.

이베이에서 1977년에 만들어진 스타워즈 피겨를 샀다. 뉴욕에 있는 한 스타워즈 상품 전문점에서. 나는 뉴욕에 있는 스타워즈 전문 상품을 취급하는 가게에 간 일도 없고, 어떻게 생긴 사람에게서 산 것인지도 모른다. 하지만 그것을 받아들고 나는 어린 시절을 추억할 수 있다. 그땐 어디에서 산 것인지는 별 문제가 되지 않는다. 그 물건 자체가 이미 나의 이야기를 가지고 있기 때문이다.

새로 나온 물건을 취급하는 인터넷 쇼핑몰이야 차고 넘치지만 낡은 물건, 추억이 스며 있는 물건을 취급하는 곳은 아무래도 드물다. 하지만 이베이, 세상에 존재하는 거의 모든 물건들이 모이는 그곳. 놀랍게도 이베이에선 검색만 하면 무엇이든 다 나온다.

여행지에서 물건을 구입하게 될 때는 물건과의 인연에 모든 것이 달려 있다. 운이 좋으면 원하던 것을 만날 수도 있지만 그것은 운일 뿐이다. 언제 어느 곳에 가더라도 뭐가 있는지 알 수가 없다. 예를 들어 런던 노팅힐의 빈티지 벼룩시장에 간다고 하자. 대충 어떤 분위기의 물건들이 있을 것이라고 짐작은 할 수 있다. 하지만 구체적인 것은 역시 가서 봐야 알 수가 있다. 만약 좋은 물건, 전부터 가지고 싶던 물건을 발견하더라도 적정가격에 살 수 있다는 보장도 없다. 빈티지 물건의 경우 원하는 물건이더라도 상태가 안 좋을 수도 있다.

이베이에선 얘기가 달라진다. 우선은 물건 이름만 알면 된다. 검색하면 별의별 게 다 뜬다. 이미 알고 있던 물건뿐 아니라 모르던 물건까지 뜬다. 검색하기가 무서울 정도다. 물론 언제나 모든 것이 다 있는 것은 아니다. 하지만 여느 도시의 벼룩시장을 뒤지는 것보다 원하는 물건을 찾아낼 확률이 만 배쯤 높다. 사실은 너무 높아 부담스러울 정도다. 램프의 요정 지니가 따로 없다.

이베이는 책상 위의 벼룩시장이다. 그것도 원하는 것을 바로 찾아낼 수 있는 벼룩시장. 길을 잃는 것은 순식간이다. 아리아드네의 실타래라도 들고 들어가지 않으면 영영 헤어나지 못할지 모른다.

'작품'을
모으다

위대한 화가인 베르메르와 디에고 벨라스케스는
공통점이 몇 가지 있다. 우선 작품 속에 그림을 그리고
있는 화가 자신, 즉 본인들을 그려 넣은 것이 유명하다.
또한 각자 네덜란드와 스페인의 황금시대 화가였다는
것도 특징이라면 특징이다. 그리고 또다른 하나는, 자신이
화가이면서 동시에 그림 수집가였다는 점이다.

그들이 그린 그림 속 배경에는 수많은 그림들이 걸려 있다. 그들 자신이 수집했던 그림들이. 아마도 뛰어난 안목을 지닌 그들은 다른 화가들이 그린 좋은 작품들을 접할 때면 결코 그냥 지나칠 수 없었을 것이다. 없는 살림에도 그들은 그 그림들을 사 모았다.

그런데 여기서 짚어야 할 한 가지, 꼭 위대한 작가만 안목이 뛰어난 것일까? 그렇지 않다는 것이 문제라면 문제. 능력은 비록 위대한 이에 비해 보잘것없지만 안목만은 뛰어난 이도 꽤 많이 있다. 비유하자면 모차르트와 살리에르 중 살리에르와 같은 입장이랄까. 나도 그런 후자에 가깝다. 적어도 스스로의 보는 눈은 꽤 수준이 높다고 생각하는, 조금은 한심한 타입, 그게 바로 나다.

나보고 좋아하는, 가장 존경하는 카투니스트를 꼽으라면 미국의 만화가인 솔 스타인버그를 가장 먼저 꼽는다. 언젠가 스위스 바젤에 있는 카툰 뮤지엄에서 그의 실제 그림을 처음 보았을 때의 감동을 잊지 못한다. 그 어떤 위대한 화가의 작품을 접했을 때보다 감명을 받아서 도무지 다음 그림으로 발걸음을 옮길 수가 없었다. 그 당시에 나는 결심했다. 언젠간 그의 그림을 꼭 한 점 소장하고 싶다고.

오랜 시간이 흐른 어느 날, 인터넷으로 중고 책을 뒤지던 중 이베이에서 몇 장의 스타인버그 그림을 찾았다. 스타인버그의 그림을 가지고 싶다는 생각은 까맣게 잊고 있던 때였다. 갑자기 화면에 떠오른 그 그림들을 보자 그의 그림을 소유하고 싶었던 과거의 욕망이 되살아났다.

경매에 나온 것들은 전부 판화 작품이었다. 사이즈도 제각각이고 사인이 된 것, 안 된 것 등 상태도 모두 달랐다. 공통점이라면 스타인버그의 판화라는 것과 가격이 비싸다는 것뿐. 판화 작품은 원화에 비해 가격이 상대적으로 많이 저렴함에도 불구하고 몇백만 원에서 몇천만 원을 넘나들었다. 스타인버그의 그림이라면 충분히 그럴 가치가 있다고 생각은 했지만, 내 경제능력으로는 어림도 없는 가격이었다. 며칠 동안 군침만 흘리며 경매에 올라온 그림들을 감상했다. 아무래도 가격이 높아서인지 비드(경매입찰)에 나서는 이도 거의 없었다. 결국 지금은 때가 아닌가보다 하고 포기하려 했을 때, 새로운 그림 하나가 화면에 올라왔다.

약 4절 정도 크기의 판화 작품이었다. 이탈리아 밀라노의 갤러리아 쇼핑몰을 스타인버그의 시각으로 그린 멋진 그림이었다. 그만의 특징을 살린 건축물 표현, 다양한 표정의 인간 군상, 예의 스타인버그의 개성들을 전부 보여주는 그림이었다. 그런데 시작 가격이 믿을 수 없을 정도로 낮았다. 난 눈을 다시 치뜨고 자꾸만 가격을 재확인했다. 정말 1달러로 시작하는 경매였다. 신나고 흥분이 되어 숨이 멎을 것만 같았다. 하지만 모든 것엔 이유가 있는 법.

그림의 상태가 매우 좋지 않았다. 먼지를 많이 뒤집어썼고 색도 살짝 바란 그림이었던 것이다. 그래도 내겐 문제될 것이 없었다. 스타인버그의 그림을 소유할 수 있는 유일한 기회가 찾아온 것인지도 몰랐기 때문이다.

2주 후 난 소포로 그림을 받았다. 조심스럽게 포장을 푼 후 그림을 잘 손질해 단골 액자 가게에서 액자를 맞추었다. 지금 그 그림은 우리 집 거실에 걸려 있다.

  좋아하는 작가의 작품을 수집하는 것은 비슷한 일을 하는 내게 꼭 필요한 일이라고 생각한다. 좋은 작가가 되기 위해선 좋아하는 작가의 작품을 보고 무한히 감동하는 것이 좋다고 생각한다. 그 그림을 분석하고 연구한다는 생각보다는 순수한 감동과 존경이 더 좋다. 연구와 분석은 겉모습만 따라하게 되기 십상이다. 순수한 감동과 존경은 더 큰 것을 얻게 해준다. 삶을 아름답게 만들어준다. 나도 내 작업을 잘해서 누군가에게 인정받는 나만의 좋은 그림을 그리고 싶다는 생각이 들게 해준다. 그것은 정말이지 돈으로 값을 매길 수가 없는 것이다.

어떤
그림을
모을
것인가

피카소, 마티스부터 앤디 워홀, 데미안 허스트까지, 그런 작가들의 작품을 수집한다? 이름만 들어도 알 수 있는 그런 유명 작가의 작품을 모은다는 것은 과연 어떤 느낌일까? 천문학적인 가격도 가격이지만, 미술관에서나 겨우 볼 수 있는 위대한 작품을 개인이 구매한다는 건 상상하기도 힘겹다. 대신 그런 작가의 화집을 보거나 인쇄물을 구해 방 벽에 붙이는 것으로 비슷한 느낌을 가질 수 있을 뿐이다. 게다가 그것은 현대예술을 즐기는 진정한 법일뿐더러 복제시대의 미덕이 아닌가.

이베이에 접속해 그런 유명 작가의 이름을 두드리면 수많은 관련 상품이 떠오른다. 대부분이 싸구려 인쇄물이지만 깜짝 놀랄 만한 것들도 가끔 눈에 들어온다. 실제로 피카소의 판화 작품 같은 것도 올라온다. 그런데 가격도 생각보다 저렴하다. 수십만 원에서 수백만 원, 수천만 원 선이다. 역시 누구나 선뜻 살 수 있을 정도는 아니지만, 꼭 가지고 싶다면 일반인도 도전해볼 만한 가격인 것이다. 하지만 그런 판화 작품의 대부분은 잘 알려진 유명한 작품도 아닐뿐더러, 작가의 친필 사인 같은 것이 없는 경우도 비일비재하다. 미술상이 에디션한 것으로 작가의 사후에 제작된 것인 경우가 많다. 어떻게 보면 조악한 것들이라고 할 수 있다.

프린트된 사진 같은 경우엔 그나마 나은 편이다. 생존 작가의 경우 작가의 사인이 들어간 오리지널 프린트를 어렵지 않게 구할 수 있다. 하지만 역시 가격이 문제다. 그런 작품 사진이라면 경매가 아니라 보통 판매자가 제시한 금액을 고스란히 주고 구입해야 하는 경우가 압도적으로 많다.

하지만 가치평가 같은 것이야 아무렴 어떠냐고 생각한다면, 그리고 그 작가의 그 그림이 정말 마음에 든다면, 구입하는 것은 오로지 선택의 문제다. 누가 뭐라 하든 무슨 상관이람. 나만 마음에 들고 좋아하면 됐지. 무엇이든 생각하기에 따라서 보물이 될 수 있다. 심지어는 그 그림이 가짜일 경우라도.

사진집

소유욕이라는 것은 집요하다. 말하자면 명화를 가질 수 없다면 그 명화의 엽서라도 구하고 싶어진다. 사진 작품도 똑같다. 오리지널 프린트를 구할 수 없다면 사진집으로라도 가지고 싶어지는 것이다. 하지만 실은 사진집엔 그 이상의 가치가 있는 경우가 많다.

대부분의 사진집은 한정 생산된다. 아주 유명한 작가가 아니라면 수요가 정해져 있기 때문에 많이 제작할 수가 없고 단 한 번만 인쇄되는 경우가 허다하다. 만약 운이 좋아 두 번째 인쇄가 이루어지더라도 처음의 책은 초판이라는 명예를 획득하게 된다. 거기에 작가의 사인이 들어 있다면 가치는 몇십 배 이상 뛰어오른다. 결국 사진집 한 권이 같은 작가의 오리지널 프린트 한 장 가격과 맞먹기도 한다. 당연히 콜렉터의 표적이 되지 않을 수가 없다.

세계에서 사진 작품집을 가장 많이 출간한 작가인 아라키 노부요시(사진 작품집만 백여 권에 이른다). 역시 이베이에서 그의 화집을 비교적 쉽게 검색할 수 있다. 사인본도 많다. 아라키 노부요시도 그렇지만 대부분의 유명 사진가들의 작품집은 한정판으로 제작하는 경우가 많다. 인쇄 방법이나 판형 등이 특이해 단 한 차례만 리미티드 에디션으로 출간하는 것이다. 작가의 사인과 에디션 넘버가 적혀 있고, 당연히 소장 가치도 매우 높다. 그리고 가격도 더 비싸다.

수집하는 사람마다 생각이 다르겠지만 나는 원판 사진을 구하는 것보다는 사진집을 구하는 것이 훨씬 나은 것 같다. 보다 저렴한 가격에 구할 수 있고, 여러 작품을 감상할 수 있는 친필 사인이 들어 있는 사진집이 훨씬 알차다고 생각하기 때문이다.

책
책
책

책이란 물건은 신기하다. 종이를 잘라 인쇄를 하고
여러 장을 겹쳐 만든 그것은 단순하지만 중독성이 강하다.
글이든 그림이든 넘기고 있노라면 모든 것을 초월하는
거대한 이야기가 담겨 있기 때문이다. 보다 보면 빠져들고
이내 중독되어버린다. 그러면 또다른 것을 찾게 되고
마음에 드는 다른 책을 발견할 때마다 그 새로운 발견에
놀라고 감탄한다. 그리고 또다시 새로운 책을 찾아 모험을
떠나게 된다.

어린 시절부터 좋아하는 책이 생기면 가져다 내 방에 잘 모셔두었다. 그림책이건 만화책이건 잡지건 가리지 않았다. 대학생이 되자 책이 기하급수적으로 늘기 시작했다. 그다지 학구적인 학생도 아니었고 문학광도 아니었는데 책은 날마다 불어났다. 책으로 가득 찬 내 방은 책상과 누울 자리만 남게 되었다. 가진 것이라고는 책이 전부라 할 정도였다. 모은 것의 절반 정도는 그림이 많은 책이거나 만화책, 잡지 같은 거였지만 그래도 책은 책이었다. 그런 나를 보며 어머니는 방구들 꺼질지 모른다는, 다소 과장된 염려와 함께 제발 집에 책 좀 그만 들이라고 나무라셨다.

책을 모으며 생기는 문제는 실로 다양하다. 가장 큰 문제는 정말로 그 무게 때문에 방구들이 꺼질 수도 있다는 거다. 티끌 모아 태산이라는 말이 실감날 정도로 책이 모이면 정말이지 무겁다. 얇은 종이들을 모아 만든 더미일 뿐인데, 몇 권만 모아 놓아도 무슨 바윗덩어리 같이 무거워져서 이 방에서 저 방으로 옮기기에도 벅찰 정도다.

책을 많이 읽는 것으로 유명한 일본인들 중에는 책에 깔려 죽는 것을 두려워하는 이들이 많다고 한다. 방마다 책이 빼곡한데 큰 지진이라도 나서 책장에서 책이 쏟아지면, 정말로 깔려 죽을지도 모른다고 생각한다는 거다. 떨어지는 책 모서리에 맞는 상상을 하면 식은 땀이 흐르긴 한다. 얼마다 아픈지는 맞아본 사람만 알 수 있다.

떨어지는 책에 맞아 죽을지도 모른다는 생각을 한 적은 없지만, 책이 내 목숨을 구할 수 있을지도 모른다고 생각해본 적은 있다. 지

금 나는 이층의 내 방에서 이 글을 쓰고 있다. 사방으로 책장에 책이 빼곡하다. 조금은 황당한 생각이지만 어디선가 총알 같은 것이 날아와도 책장의 책들이 그것을 막아줄 것 같다. 적어도 즉사는 면할 수 있지 않을까, 라는 생각이 든다.

  책이 많아 생기는 또다른 문제는 집에 책이 많으면 많을수록 그것의 효용이 급격히 떨어진다는 점이다. 어떤 책을 찾으려 해도 찾을 수가 없다면 도대체 그 책을 가지고 있다 한들 무슨 소용이 있을까 싶다. 창피한 일이지만 실제로 우리 집에선 그런 일이 비일비재하게 일어난다. 그것은 아내의 가장 큰 불만이기도 하다. 책이 있어봐야 하나도 소용이 없다는 거다. 정작 필요할 때 얼른 찾아 볼 수 없는 책은 정말이지 없는 것만도 못하다고 아내는 말한다.

  그런 꾸지람을 들을 때마다 나는 도서관처럼 데이터베이스 작업이라도 해야겠다고 번번이 다짐하지만, 그때뿐이다. 새로운 책을 구하는 것엔 아낌없이 시간을 투자하지만 도무지 정리하는 데엔 인색한 사람인 것이다. 이래가지고선 책을 정말 좋아하고 사랑해서 모으는 것이라고 자랑스럽게 이야기하기도 민망하다.

  그 밖에도 여러 가지 문제가 있겠지만 우선은 그 두 가지가 내겐 가장 골칫거리다. 조금이라도 양을 줄여보려는 시도를 해보지 않은 것은 아니다. 내게 맞지 않는 책, 그러니까 앞으로도 전혀 읽을 것 같지 않은 책, 누군가에게 받은 내 취향과는 무관한 책, 잘못 산 책, 꼴도 보기 싫은 책 등을 버리려고 자리를 잡고 앉은 적이 한두 번이 아닌 것이다.

그런데 그때마다 시작한 지 얼마 안 되어 실패하고 만다. 솎아내는 기준이 상당히 애매해지기 일쑤다. 이건 이래서 아깝고 저건 저래서 아깝고. 이건 놔두면 언젠가 도움이 될 것 같고 저건 구하기 힘든 거라 곤란하고.

어떤 때는 '허, 기특하게도 내가 이런 책도 가지고 있었네?' 하며 아예 자리에 드러누워 신선놀음하듯 한 장씩 감상하며 여유를 부린다. 그러고는 책을 솎아내 버리려는 당초의 계획은 새까맣게 잊는다. 엉뚱한 책들을 늘어놓아 방 안을 더욱 어지럽게 만들고 그 자리에서 책을 읽다가 잠들어버리곤 하는 것이다.

각각 들여온 이유가 있는 책들이다. 조금이라도 좋았던 부분이 있는 책들을 자리가 없다는 이유로 방출한다는 것은 너무 매정하다는 생각도 든다. 지인 중 하나는 다 읽은 책은 어김없이 내다 헌책방에 판다. 그 책의 내용이 좋았느냐 나빴느냐는 중요하지가 않다.

"그렇게 버렸다가 나중에라도 다시 필요하면 어쩝니까?"

내 질문에 그는 무심하게 말한다.

"그땐 다시 사지요."

"절판되면 어쩝니까?"

"도서관에 가지요."

척척 이치에 맞는 말씀이다. 하지만 역시 매몰차단 생각이 든다. 그에겐 책 내용이 중요할 뿐인 것이다.

하지만 내 생각은 다르다. 자신의 손때가 묻은 오래된 책은 얼마나 사랑스러운가. 좋은 책은 내용을 다 알아도 두고두고 쓰다듬고 펼쳐보고 싶다. 그리고 내 아이에게 물려주고 싶다.

책에 대한 과한 애정. 확실히 골치 아픈 것이지만 왠지 다른 물건들에 대한 집착보다는 조금 낫게 느껴진다. 책은 단지 종이를 잘라 인쇄를 하고 순서대로 여러 장을 겹쳐 묶어놓은 물건이 아니기 때문이다.

두 개

병적인 콜렉터의 문제점 중 하나는
좋은 물건은 반드시 두 개 이상을 모은다는 점이다.
좋아하는 책을 발견하면 같은 책을 두 권을 산다.
마음에 드는 장난감? 역시 두 개.
음반? 두 개.
도대체 왜 두 개를 구하는 것일까?

아마도 일종의 트라우마 때문인 것 같다. 안 좋은 기억, 즉 예전에 가지고 싶었지만 가질 수 없었다거나, 하나뿐이어서 낭패를 본 기억이 있기 때문이다. 내가 아는 여러 명의 콜렉터들이 마침 좋은 것을 발견하게 되었을 때 두 개 이상을 사들인다. 한 개가 혹시 깨지거나 망가질 경우를 대비한다는 둥, 다른 콜렉터의 좋은 물건과 교환하게 될 경우를 대비해서라는 둥, 비상시에 팔 수 있도록 하기 위해서라는 둥, 변명도 가지각색이다.

스스로 자문해보니 내 경우엔 특별한 이유가 없다. 너무 좋아하다 보니 그냥 두 개를 산 것이다. 굳이 이유를 말하자면 하나는 사용하는 것이고 하나는 보관용이다. 어째서 두 가지를 구분해야 하는지는 나 자신도 모르겠다. 나의 보관용은 도대체 무슨 용도일까? 단지 나는 욕심쟁이일지도 모른다.

만화가의
취미생활

직업이 만화가니까 만화를 모으는 게 당연하다고 생각할 수도 있겠지만, 만화가라고 반드시 만화를 모을 거라는 짐작은 어불성설이다. 만화를 그리지만 다른 사람의 만화를 보는 걸 싫어하는 사람도 있을 수 있다. 위대한 아티스트들의 생애를 보며 그런 사례를 발견할 때가 있는데, 예를 들자면 모차르트의 경우가 그렇다. 그는 스스로 천재임을 잘 알았고, 그래서 다른 사람의 연주 같은 것은 즐기지 않았다.

레오나르도 다빈치 같은 경우도 그렇다. 자신의 작품에 온 힘을 다 바치는 이들은 종종 다른 이들의 작품에는 그다지 관심이 없는 경우가 많다. 하지만 일반적으로는 그렇지 않은 경우가 훨씬 더 많다고 말할 수 있겠다. 세상 사람들 중 그런 천재는 극히 소수일 뿐이니까.

나로 말하자면 다른 사람이 만든 창작물을 매우 즐기는 편이라 할 수 있다. 아니 실은 만화책 같은 경우는 너무 심하게 즐기다 보니 조금(?) 광적으로 모으는 인간이 되어버렸다(마치 다른 수집품은 안 그렇게 모으는 것처럼 말하고 있군). 그것은 단순히 즐기는 입장이 되는 것이므로 사실 만화가라는 직업과는 큰 관계가 없는 것도 같다. 만화가가 안 되었어도 만화는 좋아하는 인간이었을 거다.

어떤 분야든 최고의 작품을 만나게 될 때는 경외감이 든다. 내게 있어서 그렇게 생각되는 만화와 만화가는 하늘의 별만큼이나 많다. 아직 발견하지 못한 만화를 찾아 나서고 그래서 마침내 발견하게 될 때, 나는 스스로 멋진 만화를 그려낸 것처럼 즐겁고 반갑다.

사인
모으기

스스로도 믿기 어려운 일이지만 나는 사인을 자주 한다(카드 결제 사인 말고). 일부러 신간 사인회를 하는 경우도 꽤 있고, 만화가라 그런지 급조한 그림이라도 하나 받아두고 싶어 하는 이를 언제고 만날 수 있기 때문이다. 오래 생각할 필요도 없이 내 사인 따위 무슨 가치가 있을까 싶다. 하지만 애니메이션 영화 〈슈렉〉에 나오는 장화 신은 고양이 같은 눈을 하고 날 바라보는 어린이를 대면하기라도 하면, 갑자기 알 수 없는 의무감이 불타오른다. 만화가에 대한 그 동경의 마음을 나는 누구보다 잘 알기 때문이다.

반면 아내에겐 유명인의 사인 따위 휴지조각과 다름없다. 게다가 사인을 직접 받는 것도 아니고 돈을 주고 산다는 건 최악으로 한심한 짓인 것이다. 사진가 마틴 파의 사인이 들어 있는 초판 사진집, 아라키 노부요시의 사인이 들어간 폴라로이드 사진, 록밴드 화이트 스트라이프스의 사인이 들어 있는 포스터, 마피아 드라마 〈소프라노스〉의 전 출연진 사인이 들어 있는 포스터, 영화감독 데이비드 린치가 사인한 서류 등이 그것인데, 내 수집품 중에서 아내가 가장 싫어하는 것을 꼽으라면 이것들이 되겠다.

그럼에도 불구하고 나는 좋아하는 배우나 작가의 사인이 미치도록 가지고 싶다. 그토록 좋아하고 존경하고 사랑하는 이의 사인을 소유한다는 것은, 어쩌면 그들에게 바치는 나의 충정과도 같은 것이기 때문이다.

똑딱이
카메라

요즘은 홍대 앞이라도 걷고 있노라면 무슨 목걸이나 핸드백처럼 DSLR 카메라를 걸고 있는 선남선녀들을 수시로 마주치게 된다. 솔직히 말하면 너무 많아 짜증이 날 정도다. 오래전부터 카메라가 패션 소품이긴 했다. 머릿기름을 바르고 양복을 쫙 빼입은 후 카메라를 목에 걸면 패션이 완성되던 시절이 있었다. 하지만 그 당시의 카메라는 말 그대로 멋이란 게 있었다. 사진 찍는 실력이 어떤지는 몰라도 카메라와 함께한 겉모습만은 아름답고 품위 있었다. 시커멓고 커다란 덩치에 렌즈가 턱없이 긴 DSLR과는 그 모양새가 천지차이였던 것이다.

나는 DSLR 카메라가 한 대도 없다.

자랑이냐고? 어쩌면.

나도 몇 년 전에 그것이 미치도록 가지고 싶었던 적이 있기는 했다. 그것으로 찍은 훌륭한 사진들을 무수히 많이 보았기 때문이다. 하지만 망설여졌다. 내가 만난 수많은 사진가들이 비슷한 카메라를 사용했다. 선천적인 반골 기질이 발동했다. 죽었다 깨나도 DSLR만은 사지 말아야 하겠구나 결심했다. 하지만 그것은 또다른 불행의 시작이었다.

DSLR 카메라가 아닌 뭔가 다른 것을 찾기 시작했다. 기준이 있기는 했다. 작을 것, 기능이 단순할 것. 쌀 것. 하지만 사진은 아주 잘 찍혀야 할 것. 꽤 까다로운 조건들임에도 그 조건을 만족시키는 카메라는 의외로 많이 있었다. 사실은 너무 많았다. 그런데 다른 항목들은 제쳐두더라도 가격이 들쭉날쭉했다. 고정초점의 일명 똑딱이 카메라 부류지만 가격이 비싼 것들이 꽤 많았다. 이미 모두 단종된 것들이라 프리미엄이 붙은 것도 있었다.

1970~80년대에 나온 자동카메라를 사용하는 사람은 이제 거의 찾아볼 수가 없다. 당시에 보급용으로 싼값에 판매되던 그 카메라들은 매우 실용적인 목적으로 만들어진 것들이다. 고급 카메라가 아쉬운 보통 사람들이 야외로 소풍이라도 갈 때 부담 없이 사용할 목적으로 만들어진 카메라다. 그래서 요즘 같이 누구나 카메라가 달린 휴대전화를 가지게 된 시대엔 그 효용이 오래전에 끝났다고 말할 수

도 있다. 하지만 그렇게 제작된 카메라 중에는 유난히 기계적으로 섬세한 것들이 있다. 몸통은 플라스틱이면서 렌즈만은 아주 고급인 기종이 있는가 하면, 어떤 이유에선지 사진의 색상이 유난히 독특한 카메라도 있었다. 카메라 디자인이 빈티지 자동차 같은 것도 있고, 도대체 왜 그렇게 디자인을 엉뚱하게 만들었는지 곰곰이 생각해봐도 도무지 모르겠는 황당한 것들도 있다.

사진을 좋아하는 사람들 중 많은 수가 카메라에도 집착한다. 물론 카메라를 좋은 것으로 사용하면 사진의 결과가 그만큼 좋기 때문이지만, 단지 카메라의 아름다움에 빠져들어서인 경우도 꽤 흔하다. 나는 좋은 사진이 반드시 좋은 카메라에서 나오는 것은 아니라는 것을 깨닫게 된 후로는, 아무도 거들떠보지 않는 싸구려 똑딱이 카메라를 모으기 시작했다. 왠지 그것들을 이용해 사진을 잘 찍을 수만 있다면 위대한 사진작가도 더 이상 부럽지 않을 것만 같았기 때문이다.

처음에는 정말로 싸구려 카메라를 사 모았었는데 어느 틈에 결코 싸지 않은 소형 카메라도 기웃거리기 시작했다. 가격을 들으면 깜짝 놀랄 정도인 것도 있다. 하지만 수집은 이미 시작된 후였고 나는 멈출 수가 없었다. 비싸고 거대하고 촌스러운 DSLR 카메라를 피해 비싸고 작고 아름다운 소형 똑딱이 필름 카메라를 모으기 시작한 것이다. 하지만 그건 사자를 피한답시고 하이에나 떼에게 몸을 던진 것과 다를 바 없는 짓이었다.

야시카 T4 super

미국의 사진 작가 테리 리처드슨, 라이언 맥긴리가 사용해 유명해진 똑딱이 카메라. 가볍고, 방수도 되고 무엇보다 사진의 결과물이 좋다. 하지만 카메라가 좋다고 누구나 좋은 사진을 찍을 순...

GR 디지털 리미티드 에디션

리코의 명작 똑딱이 카메라 GR 시리즈를 디지털로 구현한 카메라. 큰 성공으로 일러스트레이션이 첨가된 한정판 모델이 발매 되었었다.

미놀타 TC-1

기계적 완성도가 세계 최고인 똑딱이 카메라로 유명하다. 일본의 사진가 아라키 노부요시가 사용한다. 특히 렌즈 부분의 디자인과 조작성이 인상적.

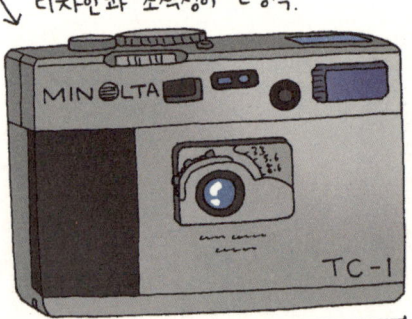

롤라이 35

말이 필요없는 전설의 똑딱이 카메라. 조금 무겁다는 게 흠이라면 흠.

저렴한 똑딱이 카메라를 수집한다고 말하면 이해할 수 없다는 표정을 짓는 분들이 꽤 있다. 그런 가치도 없는 물건을 뭐하러 모으는 것이냐며. 필름 카메라로 사진을 찍는다고 하면 사람들은 고급 카메라인 라이카를 제일 먼저 떠올린다. 아니면 적어도 니콘, 캐논 같은 전문가들이 사용하는 필름 카메라일거라 짐작한다. 그마저도 아니라고 말하면 토이 카메라라고 불리는 플라스틱 렌즈를 사용하는 장난감 카메라를 모으는 것이냐고 묻기도 한다.

사진이 그다지 잘 나오는 것도 아니고, 기계적인 느낌이 좋은 것도 아니며, 사진의 느낌이 독특하지도 않은 그런 카메라를 난 왜 모으기 시작했을까? 어처구니없게도 내가 그런 카메라를 모으게 된 계기는, 이제 그런 종류의 카메라를 아무도 사용하지 않기 때문이다. 아무도 거들떠보지 않는 것에서 찾는 매력이랄까.

뭔가를 수집하는 이들은 우월감을 즐긴다. 남들이 잘 모르는 무엇을 혼자만 안다고 믿으며 열심히 그것을 수집한다. 어쩌다 사람들과 함께 있을 때 자신이 수집한 것에 관한, 자기가 잘 아는 이야기가 나와도 말을 극도로 아낀다. 알 수 없는 암호 같은 소리를 툭툭 던진다. 어쩌다 그것을 알아듣는 이가 있으면 그 사람과만 동지의식을 느낀다. 둘이서만 소곤거리며 수다를 떤다. 잘난 족속들이다, 라고 스스로 생각한다. 시쳇말로 '덕후스럽다'고나 할까.

남들이 뭔가를 찍기 위해 저격이라도 하려는 듯 DSLR 카메라를 들이댈 때, 한 손으로, 작아서 잘 보이지도 않는 똑딱이를 쓱 꺼내

틱 찍고는 다시 호주머니에 넣으면서 쾌감을 느끼는 거다. '그거 들고 다니다가는 어깨 다 빠지겠다. 너희 것은 그래 봐야 디지털이야. 난 이래 봬도 필름이라고. 화소수 같은 얘기는 아예 꺼내지도 마. 난 필름이라니까!'

나의 아내, 자꾸만 늘어가는 똑딱이를 보면서 말없이 감상해줄 사람이 아니다. 역시 잔소리가 늘어간다. 아내의 반대를 무릅쓰고 카메라를 사본 사람들은 알겠지만, 사실 카메라는 아내를 설득하기가 쉬운 편이다. 찍어주면 된다. 열심히 아내와 아이를 찍는다. 그리고 결과물을 보여준다.

"봐! 전에 찍은 거랑은 차원이 다르다니까! 사길 잘했지?"

하지만 또다른 공세가 시작된다.

"좋아, 좋은 거 샀으니까 전에 쓰던 건 팔아."

쓰던 게 마음에 안 들어 새로 샀으니 전의 카메라는 필요 없다. 내다 팔아야 한다. 그게 자연스러운 이치다. 하지만 싫다. 쓰던 것을 팔기가 싫다. 나는 수집을 하고 있기 때문이다.

폴라로이드

십여 년 전 도쿄 시부야의 골목길을 거닐다 한 카메라 상점을 발견했다. 문을 열고 들어가니 가게 안은 별천지였다. 오래된 러시아산 플라스틱 카메라들이 한쪽 벽면 진열장을 가득 메우고 있었다. 각종 부품과 필름, 소품들이 눈을 어지럽게 했다. 그리고 한쪽에 있는 유리 상자 속에 SX-70 폴라로이드 카메라가 놓여 있었다.

브라운색 인조가죽을 댄 은빛의 몸통. 마치 트랜스포머의 로봇들처럼 변신하는 그 모습에 나는 한순간에 매료되었다. 몇 년 전, 한 지인이 그것으로 나를 찍어준 적이 있었다. 그때는 그저 '접었다 펼 수 있는 독특한 폴라로이드로군, 앤디 워홀이 사용하던 그것이네' 생각했을 따름이었다.

당시 내가 사용하던 것은 '스펙트라'라는 이름의 1200필름을 쓰는 폴라로이드였는데, SX-70필름보다 화면 크기가 더 커서 다른 폴라로이드가 더 이상 눈에 들지 않았었다. 하지만 다시 만난 SX-70의 색감에 무척 끌렸고 결국 그 자리에서 물건을 구입했다. 당연히 중고였지만 상태가 아주 좋았다. 여행에서 돌아온 나는 인터넷을 통해 전용 필름인 타임제로를 구입했다. 그리고 SX-70 폴라로이드 사진을 본격적으로 찍기 시작했다.

폴라로이드 사진의 분위기는 아릿해서 좋았다. 기계가 손에 만져지는 느낌도 좋았다. 디지털 카메라로 찍은 사진들은 화면으로 보고 그것으로 끝이지만 폴라로이드의 결과물은 실체가 있었다. 방금 롤러를 통해 나온 사진을 들여다보고 있노라면 예전에 35밀리 필름으로 사진을 찍던 때의 기분과 비슷한 기시감을 느낄 수 있었다.

만질 수 있다는 것. 사진을 찍고 나서 금방 뽑혀져 나온 사진을 들여다보며 함께 웃고 떠든다는 것에 나는 감동했다. 사진을 더 잘 찍고 싶다는 생각도 들었다. 셔터를 누르기 전에 한 번 더 생각하고 사진을 찍게 되었고, 내가 찍은 사진을 분석하고 연구하기 시작했다.

학창 시절에 사진 수업을 들으며 조금 더 나은 사진을 얻기 위해 혼자 끙끙대던 내 모습이 떠올랐다. 새로 생긴 폴라로이드 카메라는 내게 사진 찍는 재미를 돌려주었던 것이다.

그렇게 감동해서 사진을 열심히 찍게 된 것까지는 좋았는데, 또다른 욕심이 생기기 시작했다. 이베이에 들어가보니 SX-70도 기종이 다양했다. 모델이 다른 것들은 물론, 소나거리측정장치가 달린 것도 있고, 다른 종류의 필름을 사용하는 기종도 있었다. 주변기기도 무척 다양해서, 필터, 전용 삼각대, 플래시, 가방 등 많은 종류가 있었다. 나는 하나 둘 사 모으기 시작했다.

그러던 얼마 후 SX-70 전용 필름인 타임제로의 생산 중단이 발표되었다. 그때의 내 기분은 이루 말로 다 표현할 수가 없을 정도였다. 이제 막 사랑에 빠진 연인과 헤어져야 하는 심정 같았다. 위기의식을 느낀 나는 욕심을 부려서 가격이 서서히 오르기 시작하는 타임제로 필름을 사 모으기 시작했다.

처음엔 500원쯤 오르던 것이 나중에는 몇천 원씩 올랐다. 가격이 두 배가 되고, 세 배가 되었다. 그 정도까지 오르자 차라리 이베이에서 사는 편이 나을 정도가 되었다. 배송료를 포함해도 이베이가 더 쌌다. 어느 틈에 전 세계에 유통되는 타임제로 필름의 유효기간도 훌쩍 넘어가버렸다. 그래도 가격은 떨어지지 않고 계속 조금씩 올랐다. 타임제로 필름과의 이별을 아쉬워하는 이는 나 혼자만이 아니었던 것이다. 그들에겐 유효기간이 지난 필름도 감지덕지였다. 내가 본 타임제

로 필름의 이베이 최고 가격은 거의 십만 원에 가까웠다.

우리나라의 필름 가게에서 타임제로 필름이 완전히 품절된 후에도 나는 이베이를 통해 필름을 계속 사들였다. 그 필름을 이제 다시는 쓸 수 없다고 생각하자 자꾸만 집착하게 되었다. 그러다 결국 사고를 치고 말았다. 유효기간이 한참 지난 타임제로 필름 한 상자를 구입했는데, 몽땅 사용하지 못할 정도로 오래된 필름들이었던 것이다. 필름 안 약품은 벽돌처럼 딱딱하게 굳어 있었고, 배터리는 완전히 방전되어 있었다. 포장을 뜯지도 않은 것들이니 경매에 내놓은 이의 잘못이라 할 수도 없었다. 꽤 비싸게 주고 샀다. 게다가 세관에 걸려 세금도 왕창 냈다.

그 이후로 나는 타임제로 필름에 대한 미련을 버렸다. 떠나는 것은 떠나는 것이고 새로운 것은 계속 태어난다. 앞으로 뻗어 있는 길이 끝없이 보이는데 언제까지고 뒤만 돌아볼 수는 없는 일이다. 나는 어렵게 모은 수십 통의 타임제로 필름으로 사진을 찍어 폴라로이드 사진집을 만들었다. 전문 사진가도 아니고 사진을 잘 찍는 것도 아니지만 어쩌면 폴라로이드 사진이기에 가능한 일이었다. 언제 어디서 누구나 찍을 수 있는 폴라로이드 사진이기 때문에.

사진집의 제목은 한때 SX-70 카메라의 별명이었던 알라딘의 마술램프에서 따왔다. '굿바이 알라딘'. 그것은 사라져가는 폴라로이드 카메라에 대한 나의 작별인사였다.

안녕 폴라로이드.

어떻게
모을 것인가

뭔가를 모으기 시작하면서 생기는 가장 큰 문제는 다름 아닌 공간이다. 모은다는 것은 흩어져 있는 것들을 한곳으로 가져온다는 뜻이고, 물건이 많아진다는 것과 같은 이야기인 것이다. 물건이 많아지면 당연히 그 물건들을 둘 공간이 필요해진다. 따라서 모든 수집가들에게 공통적으로 생기는 문제가 바로 공간의 문제가 될 수밖에 없는 것이다.

긴말 필요 없이 내 경우를 보면 당장 알 수 있다.

나는 서울 서대문구 연희동의 한 가정집에 살고 있다. 지은 지 거의 삼십 년 정도 된 집이라 좀 낡긴 했지만, 천장이 높은 편이고 공간도 비교적 넉넉하다고 할 수 있다. 이층 구조에 지하실도 있다. 식구는 나와 아내, 딸 그리고 고양이 두 마리가 전부다.

그런데 좁다. 아니 좁게 느껴진다. 모두 내가 사 모은 물건들 때문이다. 책이며 장난감 따위가 든 상자가 수백 개다. 오 년 전 이 집으로 이사할 때, 이삿짐센터 아저씨가 이사 당일에 와서 척 보더니 이렇게 말했다. "거참, 나는 견적서만 보고 하도 많이 나와서 무슨 회장님 댁이 이사하는 줄 알았네요."

물건들을 둘 공간이 점점 줄어들고 있다. 이래서는 곤란하다. 결국 수집한 물건들이 나 자신을 집에서 몰아낼지도 모른다. 들어오는 것이 있으면 나가는 것이 있어야 하는데 나의 수집생활은 전혀 그렇지 않다. 열 개가 들어오면 하나나 둘이 나갈까 말까다.

콜렉터는 수집하는 물건의 양에 관심이 많다. 물론 질도 중요하지만 양이 많지 않으면 수집이라고 할 수가 없기 때문이다. 하지만 양이 많다 해서 그것을 수집이라 말할 수 있을까? 양이 많다 보면 어쩔 수 없이 엉터리 같은 것도 섞이기 마련이다. 질이 떨어지는 것이다. 그럼 어떻게 해야 할까?

방법은 한 가지. 눈을 높이는 거다. 안목이 높아지면 여러 가지가 동시에 해결된다. 수집품의 수준이 높아지고 집도 넓어지는 것이다.

모으는
것일까
못 버리는
것일까

나는 두어 달에 한 번 정도 방 정리를 한다. 그간 쌓인 새로운 물건들을 각자의 영역으로 끼워 넣는 것이다. 그냥 두면 도저히 걷잡을 수 없게 뒤죽박죽이 되어버리니 울며 겨자 먹는 심정으로 정리 아닌 정리를 하게 된다. 처음엔 한쪽엔 모아둘 것, 다른 한쪽엔 버릴 것으로 정한 후 정리를 시작한다. 그런데 아무리 해도 애매모호한 것들이 반드시 나오게 마련이다.

영화 포스터, 예쁜 봉투, 특이한 가게 명함, 뉴스 기사 잘라둔 것, 뭔가를 가득 그리거나 적어둔 수많은 포스트잇 등등. 대부분 가지고 있기에도 뭐하고 버리기도 뭐한, 아주 모호한 물건들이다. 한참씩 고민하고 갈등하며 정리하다가 지치면 살짝 정신줄을 놓치고 헷갈리기 시작한다.

어라? 어떤 쪽이 버리는 거고 어느 쪽이 모으려던 거였지? 구분하고 있는 나 자신조차도 어느 쪽이 쓸모 있고 어느 쪽이 쓸모없는 것인지를 모르겠는 그 애매모호함이란!

비교적 최근에 출간된 『잡동사니의 역습』이란 책엔(흠, 아내의 책 구입 금지령이 떨어진 지 오래지만, 글쎄 아직도 책을 자꾸 산다) 잡동사니를 모으다가 역사에 길이 남은 상징적인 존재들이 여럿 나온다. 그 중 가장 유명한 이들이 바로 콜리어 형제다.

이야기가 기니 간단하게 말하자면, 그들은 1940년대 뉴욕, 자신들이 집 안에 가득 모아놓은 잡동사니 속에서 아무도 모르게 쓸쓸하게 죽어간 형제다. 더 놀라운 것은 그 집을 가득 메우고 있던 그들이 열심히 모은 물건들이, 대부분 아무런 가치도 없는 쓰레기였다는 것이다. 그들 이후로 뉴욕의 공무원(경찰관, 소방관, 세무원)들은 그런 식으로 망가진 집을 콜리어 형제의 집이라 부르게 되었다고 한다.

그쯤 책을 읽다가 나는 자신을 돌아볼 수밖에 없어진다. '난 그 정도는 아니지? 아닐 거야. 암 아니고말고!' '음, 그리고 내가 모은 물건들은 그렇게 가치가 없진 않아! 다 모아두면 나중에 유용하게 쓰일 물건들이야!' 어쩌면 콜리어 형제가 했을 법한 그런 생각을 어느 틈엔가 나도 하고 있는 것이다.

　우리 집에 쌓이게 된 이 잡동사니들도 혹시 버려지지 못한 버려야 할 물건들은 아닐까? 조목조목 따져볼 필요가 있다. 하지만 아직 집엔 수집품을 모아둘 여유가 조금은 있으니 더 쌓이게 되면 그때 다시 고민해봐야 할 것 같다.

실용적인 거(?)
모으기

지금부터 얘기하는 건 그러니까 수집이라고 말하기엔 조금 민망한 거다. 엄밀히 말하자면 전혀 수집이랑 상관이 없다고 할 수도 있다. 수집이라기보단 일종의 미래를 위한 준비, 투자에 더 가깝다. 예를 들면 주말 등산 준비 같은 것. 아니면 더 나아가 노후를 위한 투자와 비슷한 맥락이랄까.

나는 좀비 영화를 좋아한다. 공포영화를 무조건 좋아하는 건 아니다. 서사의 개연성이 비교적 분명하고 그럴듯한 것들이 좋다. 설정이 그럴듯해야 빠져들 수 있는 법이니까. 그런 면에서 별로 안 내키는 종류로는 마법과 판타지 장르를 들 수 있겠다. 환상적인 볼거리와 튼튼한 서사구조에도 불구하고 마법과 판타지는 영 뻥이라는 느낌에서 벗어날 수가 없다. 반면, 그럴듯한 좀비 영화에 빠져들다 보면 영화가 끝난 후에도 이것저것 상상할 거리가 생긴다. 만약 나라면 어떻게 좀비들 사이에서 살아남을 것인가? 어떻게 가족을 구할 것인가?

그런 종류의 창작물을 접할 때면 나의 서바이벌 본능이 절로 꿈틀댄다. 〈28일 후〉 같은 영화를 본 다음, 『로드』 같은 소설을 읽은 뒤에, 〈아이 엠 어 히어로〉 같은 만화를 보고 났을 때 말이다. 얼마 전 한 경제신문의 조사로는 전 국민의 약 2.4퍼센트 정도만이 평소 천재지변이나 전쟁에 대해 걱정한다던데, 나는 도대체 왜 그 안에 포함되는 인간인 걸까? 혹시 하릴없는 공상 하나로 먹고사는 만화가라 그런가? 그렇지만 정말로 어느 날 만화를 그리다 문득 고개를 들어보니 세상의 종말이 코앞에 와 있을 수도 있다!

아무튼 그래서, 지구 최후의 날을 대비해 그동안 내가 모은 서바이벌 용품으로는 비상용 알루미늄 담요, 비상용 고체 연료, 비상용 버너, 비상용 필터 달린 물통, 서바이벌 칼, 일체형 수저포크, 군용 카멜 가방, 도끼 세트, 비상용 양초 세트, 비상용 라디오, 랜턴 등등이 있다.

　방독면도 꼭 필요한 것 같아 구입하려 했으나 쓸 만해 보이는 건 가격이 너무 비싸서 지구 멸망이 좀더 가까워오면 주문하기로 했다. 그밖에는 통조림 등 식품류와 가장 중요한 '물'이 있는데, 아직까지 따로 구입에 저장해두지는 않는다. 단지 뭔가 위기감이 고조되는 뉴스가 나오거나 할 때면(북한의 위협이라든가 해외의 지진 소식이 있겠다), 장볼 때 몇 통씩 더 사둘 뿐이다. 역시 아내는 그런 나를 보고 한심해하며 혀를 찬다.

　다른 것은 그렇다 치고 도대체 도끼 세트는 왜 샀냐는 아내의 말에 나는 한참을 설명해야 했다. 응? 이 글을 읽는 당신도 도끼가 왜 필요한지 모른다고? 도끼는 아주 중요하고 매우 유용하다! 우선 화재시에 집을 탈출하거나 사람을 구조할 때 필수다. 또한 전력과 가스가 끊긴 겨울을 상상해보라. 뭐라도 부숴서 땔감으로 써야 할 거 아닌가. 마지막으로 호신용이다. 극단적인 상황이 되면 가장 무서운 게 사람이다. 누가 어떻게 우릴 공격할지 모른다. 그것이 이웃집 사람이든 좀비든 간에 말이다. 도끼는 쓸 만한 자기방어 수단이 될 수 있다.

　어떤가, 듣고 나니 당장 도끼를 세트로 구입해야 할 거 같지 않은가? 나의 이런 깊은 뜻을 설명해도 이해하지 못하는 아내에게 마지막으로 한마디만 더 하자면, 나만 살려고 이러는 게 절대 아니다. 그건 그렇고, 내가 찍어둔 방독면 가격은 왜 안 떨어지는지 모르겠다.

가방에
대한
알 수 없는
욕망

내가 모은 물건들 중 아내가 가장 싫어하는 것 중 하나가
바로 가방이다(어째 점점 '가장 싫어하는 것'이 늘어만 간다).
아내는 가방이라면 이제 치를 떤다. 글쎄 가방 같은 거,
정말 따로 모을 생각은 아니었다.

그걸 잔뜩 모아서 어디다 쓰겠는가.(다른 수집품들은 쓸 데가 있고?) 하지만 그렇기 때문에 가방이야말로 내가 부지불식간에 모은 진정한 의미의 수집품이 아닐까?(얼씨구.) 정말 좋아하는 것은 일상적이어서 따로 수집했다는 것을 의식할 수 없을 정도의 것이 틀림없을 테니 말이다!(OTL)

그러니까 솔직하게 말하자면 마음에 드는 것이 눈에 보일 때마다 구입했다고 말하는 게 맞는 거 같다. 종류도 여러 가지다. 백팩, 옆으로 메는 거, 손에 드는 거. 컴퓨터용, 등산용, 사업용(?), 소품용 기타 등등.

남자가 뭔 가방을 모으느냐 묻는다면, 할 말은 있다. 그것은 여자들의 그것과 마찬가지로 남자에게도 가장 강력한 패션 소품이기 때문이다. 옷을 제외하고 몸에 걸친 것 중에서 그것은 가장 기능적이며 아름답다. 남자라고 해서 백을 들지 말라는 법은 어디에도 없다. 그것을 잔뜩 모아 상자 속에 넣어두어도, 누가 뭐라 할 수 있겠는가. 뭐 그럴 수도 있다는 말이다. 음…… 아무래도 이 꼭지는 빼야겠다.

펜
포스트잇
스케치북

어떤 물건들은 특별히 모으려고 하는 것은 아닌데 어느 날 문득 돌아보니 한가득 쌓여 있는 것들이 있다.
내겐 펜, 포스트잇, 스케치북이 그렇다.
그림 그리는 게 직업이니 자연스러운 것이라 생각할 수도 있겠다. 하지만 아직 다 사용하지도 않은 물건들이 쌓여 있는데 새 물건을 계속 사 모으는 게 과연 괜찮은 걸까?

실은 직업이 직업이다 보니 사용 중이던 종이가 다 떨어지거나 펜의 수명이 다해 고생한 경험이 없지는 않다. 하지만 분명 그런 트라우마와는 아무 상관없이 나는 그 물건들을 사 모은다. 아름답게 꾸며진 장정, 부드럽고 뽀얀 종이의 질감 등에 매혹되어 자신도 모르는 사이에 구입한 포스트잇과 스케치북이 산더미다.

펜도 마찬가지. 손에 잡히는 감촉은 물론이고 선이 그어질 때의 새로운 느낌에 금세 중독되어 또다른 펜을 사곤 한다. 그것으로 그림을 그리면 그동안 한 번도 그린 적인 없는 새로운 그림을 그릴 수 있다고 상상하며. 낭비일지 모르지만 은근히 수집되어 책장과 책상 위에 놓여 있는 그 물건들을 바라보다 보면, 마감의 스트레스도 누그러지고 스멀스멀 마음의 평화가 찾아오는 것이다.

티

요즘 사람들이라면 남녀노소에 상관없이 비슷하겠지만, 내가 가장 많이 가지고 있는 옷 역시 티셔츠다. 정장이라고는 단 한 벌뿐이면서 티셔츠는 백 장 넘게 있는 거 같다. 어째서 티셔츠가 그렇게 많을까?

우선 값이 싸니 아무 때나 마구 사게 된다. 직업이 만화가이다 보니 거의 대부분의 시간을 집에서 보내고, 당연히 입기 편한 티셔츠를 선호하게 된다. 그리고 또 하나, 나만의 오덕적인 이유가 있다(이게 없으면 얘기가 안 되겠지만). 뭔가에 꽂히면 그 그림이 프린트 되어 있는 티셔츠를 꼭 입고 싶어진다는 거다. 영화건 만화건. 무슨 어린애 같은 소리냐 싶겠다. 하지만 나같이 컬렉션을 좋아하는 만화가가 그림이 그려진 그 수많은 티셔츠를 안 사 모은다면, 누가 과연 그것들을 사줄까 싶다.

핀버튼

하나 둘씩 모으다보니 수집처럼 된 것으로는
핀버튼(일명 뺏지)도 있다.
영화나 음반 홍보용으로 제작된 것부터
아티스트의 작품으로 만들어진 것까지 천차만별이다.
가격도 저렴한 편이라 모으겠다고 생각만 하면
다양하고 폭넓게 모을 수 있는 게 핀버튼이다.

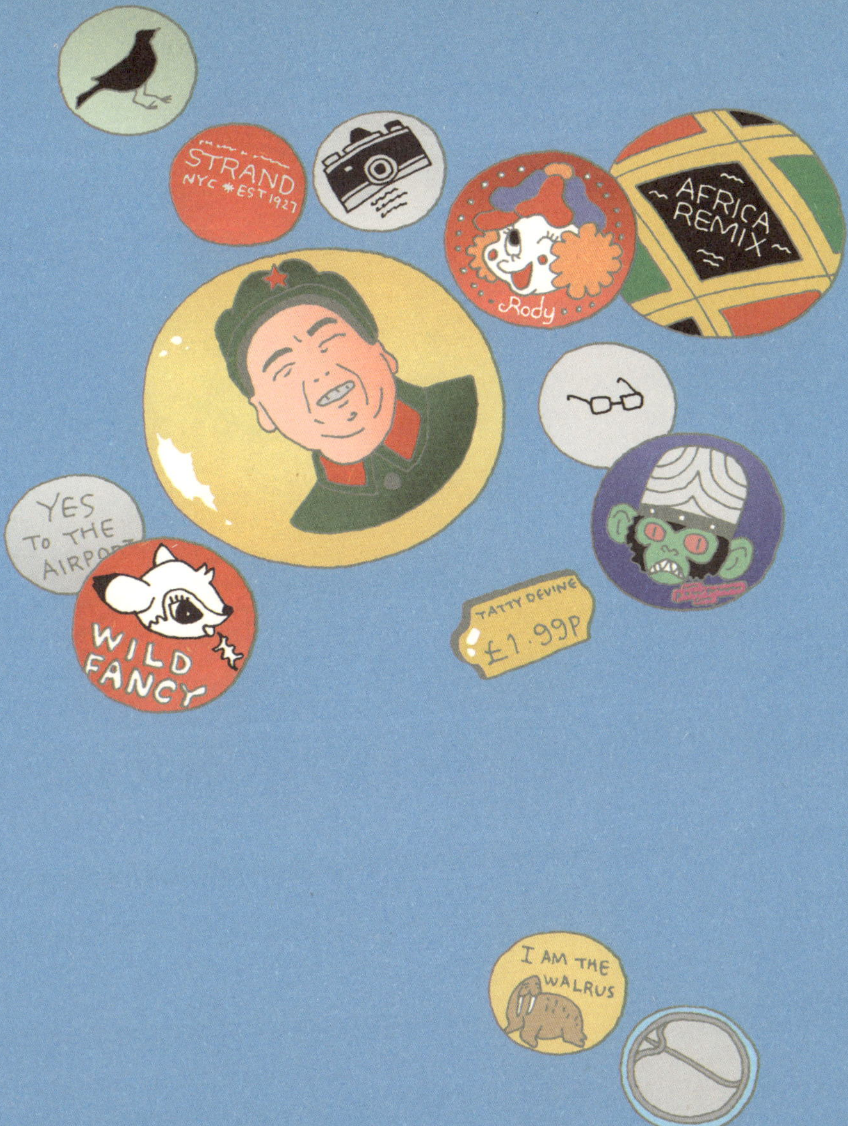
STRAND
NYC EST 1927
AFRICA REMIX
Rody
YES TO THE AIRPO
WILD FANCY
TATTY DEVINE
£1.99P
I AM THE WALRUS

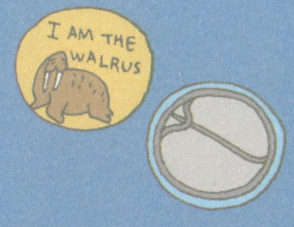

나와
명품

여성복을 디자인하는 막냇동생이 형이 꼭 봐야 할
재미있는 책이라며 책 한 권을 던져주고 갔다.
쓱 보니 표지의 일러스트레이션부터 별로 마음에 안 들었다.
한 일본의 명품족이 쓴 책이었는데
내용이 아주 가관이었다.

온갖 명품을 사느라 가산을 탕진했지만 자신은 굴하지 않고 계속 그렇게 살아간다는 내용이었다. 명품을 사다가 진 빚만 사십억 엔이 넘는다고 한다. 한화로 오백억 원이 넘는 돈이다.

어이가 없기도 하고 뭐 이런 여자가 다 있어? 하는 생각에 몇 페이지 들춰보니 생각보다 꽤 재미있었다. 이혼한 남편이 죽도록 꼴 보기 싫어도 혼수로 산 기분 나쁜 롤렉스시계는 계속 가지고 다닌다. 왜냐하면 롤렉스니까, 하는 식이다. 비웃어가며 읽고 있자니 문득 동생의 의도가 궁금했다.

뭐? 형이 꼭 봐야 할 책?

그게 무슨 뜻이지?

내가 이 책을 쓴 여자와 같은 문제를 가졌다는 뜻인가?

나는 명품 같은 것엔 관심도 없다니까!

수집,
남녀의
차이

방금 택배 기사가 가지고 온 상자를 신이 나 풀고 있는데
아내가 옆에서 측은해하는 눈빛으로 날 쳐다본다.
왜 그렇게 보냐고 묻자 입술이 삐뚜름하게 열린다.
"내 남편은 참 인생의 순간순간을 사랑하는
인간이구나 싶어서."
"뭐가? 왜 또?"

아내의 말인즉 이렇다. 남자들은 어떻게 그렇게 하찮은 물건들(나와 내 측근들이 모으는 모든 것들을 지칭하는 모양이다)을 모으며 기뻐할 수 있느냐는 거다. 그런 작은 것들을 사고 모으고 기뻐하는 것을 보고 있노라면 절로 측은지심이 발동한다나?

거 듣고 나니 남자들을 대표한 나 자신이 참으로 한심하게 느껴지기도 하는 것이었다. 울컥 '여자들은 뭐 다른가?'라는 말이 혀끝에서 맴돌다 사라진다. 생각해보니 아내는 요즘 정말 뭐든 통 사지를 않았던 것이다. 어떻게 저렇게 돈을 안 쓰고 사나 싶을 정도다. 곧 아내의 말이 덧붙는다.

"예를 들어 알함브라 궁전 같은 곳에 갔다고 쳐. 당신은 이런 궁전에서 살고 싶다, 이런 곳을 갖고 싶다, 라는 생각은 안 하고 거기 방구석에 놓인 의자를 보며 가지고 싶다, 저기 저 작은 꽃병이 멋진데 어디 가면 살 수 있을까, 하는 식이잖아. 시야의 폭이 너무 좁다니까."

듣고 나니 과연 그렇다. 남자들을 일반화할 순 없겠지만 적어도 나와 내 측근 몇몇은 정말 그렇다. 그렇다고 가만히 앉아 당할 순 없다. 애써 변명해본다.

"여자들 욕심이 넘 과한 거 아니야? 꿈도 야무지다. 무슨 궁전이냐. 사람이 분수를 알아야지!"

대화는 썰렁하게 종료되었지만 그 짧은 대화에는 핵심을 찌르는 면이 있었고, 내게 많은 것을 생각하게 만들었다. 말하자면 이거다.

다이소의 물건을 잔뜩 모을 것인가.

커다란 다이아 하나만 달랑 가질 것인가?

하지만 금세 이런 생각이 든다. 이미 다이아 하나만 가지기엔 난 너무 먼 길을 걸어왔다. 또한 동서고금의 많은 선지자들이 행복의 길은 삶의 매 순간순간을 사랑하는 것에 있다고 말하지 않았던가 (정확히 누가 그렇게 말했는진 모르겠지만). 무엇보다 사람은 남녀를 불문하고 저마다 그릇의 크기가 있는 거 같다. 아내는 여자지만 나보다 스케일이 큰 사람일 뿐인 거다. 말하고 보니 그럼 나는 다이소의 쇼핑 바구니 정도 되는 인간인 건가?

기념품

여행을 떠나며 이번 여행에선 절대 아무것도 사지
말아야겠다고 결심을 하곤 한다. 그러나 여행 내내
하루 이틀 사흘, 정말로 아무것도 사지 않고 잘 지내다가도
어느 한순간에 결심은 흔들린다.
'내가 언제 여길 다시 올 수 있다고, 살아서는 영원히
못 올 곳인지도 몰라. 소중한 여행의 추억이 필요해!
눈으로 보고 손으로 만질 수 있는!'

그런 한심한 생각과 함께 여행의 의미를 물건으로 증명이라도 하려는 것처럼, 뭔가 기념이 될 만한 것을 찾고 있는 자신을 발견하게 된다. 호텔로 돌아오다 문득 정신을 차려 보면 이미 양손에는 자질구레한 것들이 가득 든 쇼핑백이 들려 있다.

여행 기념품이란 것들은 집으로 돌아와서 꺼내 보면 왜 샀는지 참 후회되는 물건들이 대부분이다. 열쇠고리, 머그, 그림엽서, 헌 만화책 등 쓸모라고는 도무지 없는 물건들뿐이고, 조금만 들여다보면 물건이 제작된 곳 역시 그 여행지가 아니라 메이드 인 차이나임을 쉽게 알 수 있다. 몇 차례의 계속되는 실수로 그런 사실을 깨달은 후에, 나는 나만의 여행 기념품을 구하기로 마음먹었다. '이것은 여행 기념품이요'라고 주장하는 물건은 절대로 구입하지 않기로 한 것이다.

무엇이든 여행 기념품이 될 수 있다. 조개껍데기, 맥주잔 받침, 호텔 메모지, 카페의 이름이 찍힌 설탕, 미술관의 티켓…… 애당초 여행 기념품이란 게 따로 있을 리가 없지 않은가. 자신만의 여행을 추억하게 만드는 물건이, 원한다면 누구나 가질 수 있는 대량생산된 플라스틱 조각일 이유는 결코 없으니까 말이다.

그런 식으로 생각을 확장해보면 어쩌면 인생을 살아가며 모으고 있는 내 수집품들도 한없이 하찮은 것인지도 모르겠다. 대체 먼 훗날 태어날 내 손녀손자들에게 일생 동안 내가 모은 잡다한 것들이 무슨 소용이 있을까?

그 아이들은 이렇게 자기 엄마에게 말할지도 모르겠다.

"엄마, 할아버지는 참 재미있는 분이셨나봐요. 모아놓은 것들을 보니."

어찌 되었든 내가 모은 괴상한 물건들 덕분에 나를 언급하게 되었으니 땅속의 흙과 혼연일체가 된 나는 그것으로 어느 정도는 성공한 콜렉터가 되는 것인지도 모르겠다.

에필로그

구스타브 플로베르의 단편집에 들어 있는 「애서광 이야기」엔 책에 미친 사람들이 나온다. 말 그대로 책을 사랑하고 흠모하는 사람들이다. 원하는 책만 얻을 수 있다면 살인도 불사할 것 같은 이들이다. 그것을 얻기 위해서 못할 일이란 없다. 워낙 그 독한 집착을 그럴듯하게 묘사해서 플로베르 자신이 분명 그 주인공들 못지않게 책에 집착하는 사람이었으리란 짐작을 하게 될 정도다.

모든 수집가는 불행하다. 그들은 끊임없이, 언제나 자신에겐 없는 또 다른 수집품을 찾고 있기 때문이다. 그들은 만족이란 단어를 모른다. 실제로 가산을 탕진하는 사람들 이야기를 숱하게 들었다. 가정불화는 당연하다. 건강, 문제 많다. 악마에게 영혼이라도 판 것처럼 원하는 것을 하나 얻을 때마다 수집가는 한 단계씩 비참해진다. 그것이 마치 정해진 운명이라도 되는 것처럼. 그런데도 그들은 수집을 멈출 수가 없다. 목숨이 다하는 그날까지.

하지만 수집가는 천상의 행복을 맛본 이들이기도 하다. 목표를 발견하면 그들은 누구보다 에너지가 넘치는 사람으로 변신한다. 그리고 목표를 향해 일관되고 집요한 노력을 한다. 드디어 그것을 손에 넣으면 마치 신이 된 것 같은 쾌감을 맛본다. 그 성취감은 말로는 표현이 불가능하다. 그것은 마약과도 같아서 중독되면 헤어날 수가 없을 정도다.

    우리는 모두 수집가다. 시인은 단어의 수집가다. 소설가는 문장의 수집가다. 화가는 이미지의 수집가다. 모든 예술가는 수집을 한다. 그것은 에너지를 모으는 과정이고 아이디어를 찾는 경로다. 그것은 유형일 때도 있고 당연히 무형일 때도 있다. 중요한 건 그것들을 모으는 주체이고 조합하는 사람이다. 누군가에게 아무짝에도 쓸모없는 고달픈 경험이 어떤 이에겐 위대한 이야기의 시작일 수 있다. 또 어떤 사람에겐 영원히 필요 없을 쓰레기 같은 물건이 또다른 사람에겐 예술작품의 시작일 수도 있다.

    나는 오늘도 수집을 한다. 내가 지금 가장 가지고픈 것은 아마존에서 예약판매 중인 대니얼 클로즈의 신작 만화다. 하지만 조금 더 기다리면 이베이에 사인본이 뜰 거다. 물론 가격은 아마존의 세 배 이상일 것이다. 그래도 나는 때를 기다리는 한 마리의 재규어처럼 책상에 웅크리고 앉아 기다리고, 또 기다릴 것이다.

나는
자꾸만 모으는
남자와 결혼했다 _선현경

내가 남편에게 받은 첫 장난감이 기억난다.
팔각형 모양의 투명 플라스틱으로 된 커다란 반지였다.
반지 뚜껑을 열면 귀여운 장난감 소녀와 그녀의 침대와
책상이 들어 있는, 앙증맞은 물건이었다.
나는 백화점 장난감 코너에서 그걸 보자마자 너무
예쁘다고 말했다. 그는 꽤 비쌌는데도 덥석 그 장난감
반지를 사서 내 손가락에 끼워주었다.

아아, 그런 남자를 보고 어떻게 반하지 않을 수가 있었겠는가? 좋아하는 여자가 가지고 싶어 하는 물건이라면 가격에 아랑곳하지 않는 그 호탕함, 그것을 바로 사주는 결단력, 그리고 그것을 풀어서 끼워주는 세심함과 장난감 플라스틱 반지라는 낭만까지. 원래 보석보다 플라스틱을 좋아하는 나는 그런 남자와 당연히 사랑에 빠지고 말았다.

결론부터 말하자면 이우일은 그런 남자였던 것이다. 좋아한다면 그 물건의 용도 따위는 아무런 상관이 없는 남자. 쓸데없는 물건을 덥석덥석 살 수 있는 과감한 남자. 가족을 위험으로부터 구하고자 황당한 서바이벌 용품을 준비해두는 디테일한 남자. 마흔이 넘도록 레고를 조립하고 그 레고를 말 그대로 아이처럼 가지고 놀 줄 아는 그런 남자 말이다.

처음엔 분명히 나도 그와 함께 그런 장난감 같은 물건들을 사 모았었다. 함께 기뻐하며, 함께 설렜다. 하지만 다 지난 일이다. 그건 그것들을 놓아둘 만한 공간의 여유가 있었을 때의 이야기다. 우리 집엔 더 이상 물건을 들일 수가 없다. 모든 책장이, 그 책장 앞의 여유 공간이, 모든 가구의 맨 윗부분이, 그리고 창틀이나 컴퓨터 위의 아주 작은 선반까지 모두 자질구레한 것들로 꽉 차 있다. 책장을 먼저 사지 않으면 책은 바닥에서 굴러야 하고, 진열장이 모자라 장난감은 조립해 만들어도 둘 곳이 없다. 모두 바닥에 쌓아두어야 한다. 더 이상의 새 물건은 우리 집에서 아무런 자리를 배정받을 수가 없다. 제발 더 이상은 그만!

그런데 왜? 왜 이런 지경인데도 그는 아직도 계속 무언가를 모으고 있는 걸까? 게다가 왜 모으는 물건들은 끊임없이 그 아이템이 바뀌는 걸까? 어떻게 저렇게 왕성한 호기심이 계속 샘솟는 걸까?

아마도 저토록 사고 싶은 게 많은 것은 그만큼 더 재미있게 살고 싶은 욕망 때문일 것이다. 그것들을 고르면서 즐겁고, 가지고 싶던 것을 마침내 손에 넣게 되면 행복해지는 거다. 그렇다면 이제 별로 갖고 싶은 것이 없는 나는 그런 작은 즐거움과 행복을 잊고 살게 된 건 아닐까?

대신 내겐 그런 소소함에 행복해하는 남자가 있다. 주식이나 부동산 그런 것은 거들떠도 안 보는 남자. 아이처럼 손에 쥘 수 있는 장난감과 책을 좋아하는 남자. 사람이랑 노는 것보다 물건이랑 노는 걸 더 좋아하는 히키코모리 풍의 남자 말이다. 조금 더 현실적인 남자는 내 인생에 원래부터 없었던 것이다. 사람들과 어울리기를 좋아하는 사회적인 남자는 내 남자가 아니었던 거다. 하는 수 없다. 그런 남자를 선택했으니. 다 가질 수는 없다.

그래서 오늘도 나는 택배를 받으며 이건 또 뭐야! 하고 꽥꽥댄다. 고양이들과 함께 그 상자가 열릴 때까지 궁금해하며. 상자를 열자마자 어떤 새로운 잔소리로 이 수집생활을 멈추게 할지 고민하면서.

콜렉터 : 한 웃기는 만화가의 즐거운 잉여수집생활

초판 인쇄 | 2011년 11월 12일
초판 발행 | 2011년 11월 22일

지은이 | 이우일
펴낸이 | 강병선
편집인 | 이수은
디자인 | 최윤미
마케팅 | 방미연 우영희 정유선 나해진
온라인 마케팅 | 이상혁 한민아 장선아
제작 | 안정숙 서동관 김애진
제작처 | 한영문화사

펴낸곳 | (주)문학동네
출판등록 | 1993년 10월 22일 제406-2003-00045호
임프린트 | 톨

주소 | 413-756 경기도 파주시 교하읍 문발리 파주출판도시 513-8
문의 | 031-955-2690(편집부) | 031-955-2660(마케팅) | 031-955-8855(팩스)
전자우편 | toll@munhak.com

ISBN 978-89-546-1652-2 (03810)

• 톨은 출판그룹 문학동네의 임프린트입니다. 이 책의 판권은 지은이와 톨에 있습니다.
  이 책 내용의 전부 또는 일부를 재사용하려면 반드시 양측의 서면동의를 받아야 합니다.
• 이 도서의 국립중앙도서관 출판시도서목록(CIP)은 e-CIP홈페이지(http://www.nl.go.kr/ecip)와
  국가자료공동목록시스템(http://www.nl.go.kr/kolisnet)에서 이용하실 수 있습니다.
  (CIP제어번호: CIP2011004723)

www.munhak.com